"十三五"职业教育国家规划教材

21世纪职业教育教材·财经商贸系列

经济学基础

（第四版）

主　编　龚江南
副主编　李瑛珊　肖俊哲

图书在版编目(CIP)数据

经济学基础/龚江南主编. --4版. --北京：北京大学出版社，2024.8. --(21世纪职业教育教材). --ISBN 978-7-301-35211-3

Ⅰ.F0

中国国家版本馆 CIP 数据核字第 20249FV019 号

书　　　　名	经济学基础（第四版）
	JINGJIXUE JICHU（DI-SI BAN）
著作责任者	龚江南　主编
策 划 编 辑	巩佳佳
责 任 编 辑	巩佳佳
标 准 书 号	ISBN 978-7-301-35211-3
出 版 发 行	北京大学出版社
地　　　　址	北京市海淀区成府路 205 号　100871
网　　　　址	http://www.pup.cn　新浪微博：@北京大学出版社
电 子 邮 箱	编辑部 zyjy@pup.cn　总编室 zpup@pup.cn
电　　　　话	邮购部 010-62752015　发行部 010-62750672　编辑部 010-62704142
印 刷 者	河北滦县鑫华书刊印刷厂
经 销 者	新华书店
	787 毫米×1092 毫米　16 开本　15.25 印张　285 千字
	2011 年 8 月第 1 版　2014 年 9 月第 2 版　2019 年 4 月第 3 版
	2024 年 8 月第 4 版　2025 年 7 月第 2 次印刷　总第 29 次印刷
定　　　　价	49.00 元

未经许可，不得以任何方式复制或抄袭本书之部分或全部内容。
版权所有，侵权必究
举报电话：010-62752024　电子邮箱：fd@pup.cn
图书如有印装质量问题，请与出版部联系，电话：010-62756370

第四版前言

本书是"十三五"职业教育国家规划教材的修订版。本书自第一版出版以来,先后印刷 26 次,受到广大师生的欢迎和肯定。此次修订坚持以习近平新时代中国特色社会主义思想为指导,全面贯彻党的二十大精神,将经济学基本理论、我国改革开放的经济成就、中国式现代化与中华民族伟大复兴紧密融合,力求实现价值引领、知识传授、能力培养与人格塑造的有机统一。同时,本次修订主要遵循以下四个原则。

1. 在育人目标上体现"思政贯穿、立德树人"原则

按照教育部《高等学校课程思政建设指导纲要》要求,本书在每一章都合理嵌入了思政育人元素。通过素养目标、案例导入、扩展阅读、学以致用等模块,将党的二十大报告中提到的"中国式现代化""职业教育""大国工匠""高技能人才""劳动精神""奋斗精神""创造精神""勤俭节约""共同富裕""制度优势""新发展格局""开放战略""双循环""绿色发展"等关键词全面融入教材,旨在培养学生运用马克思主义基本观点、立场和方法学习和理解经济学基本原理,践行社会主义核心价值观,深化对中国式现代化及国家经济政策的理解和把握,增强学生为实现中华民族伟大复兴的中国梦而奋斗的历史使命感和责任感。

2. 在内容选择上体现"理论够用、简明通俗"原则

本书紧扣高职人才培养要求,在兼顾经济学理论体系大体完整的前提下,对经济学教学内容进行了整合与重构。书中避开了高等数学的内容,突破了经济学教材内容全、数学公式多、学习难度大的传统模式,大幅度降低了教材难度。本书在内容叙述上避免枯燥、晦涩难懂的理论推导,通过新时代中国经济发展的伟大成就、学生熟知的故事和案例来阐述概念,诠释经济学原理,使深奥的经济学理论变得通俗易懂。

3. 在模块设计上体现"易于掌握、便于应用"原则

本书设计了"学习目标""案例导入""扩展阅读""课堂讨论""本章要点回顾""学以致用""知识链接"等七个学习模块,便于学生掌握经济学的基本知识、基本原理和分析方法,培养学生初步分析经济问题、解释经济现象的能力,构建学生的经济意识、市场意识和成本意识,为学生后续专业课堂学习奠定理论知识和方法基础。

4. 在内容编排上体现"按需取舍、灵活组合"原则

为满足不同学校、不同专业、不同学时（32～72学时）的教学需要，本书注重模块化设计，既照应各章节知识之间的联系与衔接，又保持各章节的相对独立性，教师可根据所教学生的特点及课时安排，按需取舍，灵活组合书中内容。

本次修订由龚江南担任主编，李瑛珊、肖俊哲担任副主编，各章具体分工如下：龚江南负责第一、四、六、七、九章，李瑛珊负责第二、三章，肖俊哲负责第五、八、十章。最后由龚江南负责定稿。

在本书编写和修订过程中，编者借鉴了部分国内外经济学教材、著作和论文成果，吸收了部分同行的意见，在此，一并表示感谢。由于编者水平有限，书中难免存在疏漏和不足，敬请广大同行和读者批评指正。编者联系方式：592517138@qq.com。

编者

2024 年 6 月

本教材配有教学课件或其他相关教学资源，如有老师需要，可扫描右边二维码关注北京大学出版社微信公众号"北大出版社创新大学堂"（zyjy-pku）索取。

· 课件申请
· 样书申请
· 教学服务
· 编读往来

目 录

第一章　经济学是什么 …………………………………………… (1)
　　第一节　经济学要解决的基本问题 ……………………………… (3)
　　第二节　经济学中的几个重要概念 ……………………………… (12)
　　第三节　经济学的基本内容 ……………………………………… (15)
　　第四节　为何要学习经济学 ……………………………………… (17)

第二章　价格如何决定 …………………………………………… (27)
　　第一节　需求 ……………………………………………………… (29)
　　第二节　供给 ……………………………………………………… (40)
　　第三节　均衡价格及其应用 ……………………………………… (48)
　　第四节　需求价格弹性及其应用 ………………………………… (60)

第三章　消费者如何决策 ………………………………………… (77)
　　第一节　影响消费者选择的几个因素 …………………………… (79)
　　第二节　边际效用递减规律 ……………………………………… (85)
　　第三节　消费者决策的原则 ……………………………………… (90)

第四章　企业如何决策 …………………………………………… (99)
　　第一节　企业生产及其目标 ……………………………………… (100)
　　第二节　企业投入的生产要素与产量的关系 …………………… (105)
　　第三节　成本与利润 ……………………………………………… (111)
　　第四节　市场结构及其特点 ……………………………………… (114)

第五章　市场是万能的吗 ………………………………………… (125)
　　第一节　外部性 …………………………………………………… (127)
　　第二节　公共物品 ………………………………………………… (130)
　　第三节　贫富差距 ………………………………………………… (134)

第六章　如何衡量一国（地区）的富裕程度 ……………………………（145）
第一节　GDP及相关指标 …………………………………………（147）
第二节　GDP与消费、投资、出口的关系 ………………………（155）

第七章　失业与通货膨胀离你遥远吗 ……………………………（163）
第一节　失业 …………………………………………………………（165）
第二节　通货膨胀 ……………………………………………………（170）

第八章　经济增长的源泉是什么 …………………………………（179）
第一节　经济增长 ……………………………………………………（181）
第二节　经济周期 ……………………………………………………（188）

第九章　汇率变动对国际贸易有何影响 …………………………（197）
第一节　经济全球化与国际贸易 ……………………………………（199）
第二节　外汇与汇率 …………………………………………………（207）

第十章　政府如何调控经济 ………………………………………（219）
第一节　宏观经济政策目标 …………………………………………（221）
第二节　财政政策与货币政策 ………………………………………（223）

参考文献 ………………………………………………………………（235）

第一章 经济学是什么

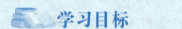

学习目标

【知识目标】

- 了解资源稀缺性与选择的含义
- 了解经济活动中的"四要素"
- 理解经济学中"生产什么""生产多少""如何生产""为谁生产"的含义
- 理解经济学是一门关于选择的科学

【技能目标】

- 能用稀缺性的原理分析现实中的简单经济问题

【素养目标】

- 树立正确的人生观、价值观,学会用经济学思维合理安排大学生活,思考人生大事,确立奋斗目标

选择与人生

娜娜是一名经济学专业的大一新生，在上中学时，她曾经听过这样一个看似好笑却又意味深长的故事：

有三个人（分别是美国人、法国人、以色列人）要在某国同一所监狱里服刑三年，监狱长表示他可以且只能满足每个人一个愿望。

美国人爱抽雪茄，他直接要了六箱雪茄；法国人很浪漫，他请了一位美丽的女人陪伴他；以色列人善于经商，他申请了一部能与外界联系的手机。

三年过后，第一个从监狱里冲出来的是美国人，他手上抱着雪茄，嘴里叼着雪茄，向监狱长喊道："请快点给我火，三年前我忘了要打火机。"

第二个从监狱中出来的是法国人，只见他手里抱着一个女孩，美丽的女人挺着大肚子（怀着宝宝），手里还牵着一个男孩。

最后从监狱中出来的是以色列人，他紧紧握住监狱长的手激动地说："三年来，我每天与客户联系，原来的生意不仅没有受到影响，而且收入还有了巨幅增长。为了感谢你，我也要满足你一个愿望——能用钱买得到的愿望。"

同样的监狱，同样的环境，同样的条件，为什么三个人三年后的结果差距如此之大？

 思考：

（1）人的一生离不开选择，我们随时随地都面临着选择。选择得对与错、优与劣，将直接影响人生的成败与幸福。比如，在高考填报志愿时，面对众多的专业，你如何选择？在大学毕业时，你是选择考研，还是选择直接工作？

（2）每家企业经常需要作出选择，若你是某公司的负责人，你是选择维持现状，还是扩大再生产？是选择只生产并做强现有产品，还是多元化发展？

(3) 每个国家也会面临很多选择，比如，应选择什么样的政治制度与经济制度？

笔记： _____

_____

_____

_____

提示：

经济学就是研究人们如何进行"选择"的一门科学，经济学将帮助你作出更好的选择。

第一节　经济学要解决的基本问题

自古以来，人类社会就为经济问题所困扰，生存与发展始终是社会所关心的热门话题。失业、通货膨胀、经济危机、能源短缺、贫富悬殊、生态恶化等都是经济问题的直接或间接表现。通过各种表面现象我们发现人类经济问题的根源在于资源的稀缺性。一方面，相对于人类的无穷欲望而言，大自然赋予我们的资源太少了；另一方面，由于自然或社会的原因，这些有限的资源还往往得不到充分利用。因此，如何用有限的资源去满足人类的无限欲望，便成为人类社会永恒的难题。经济学正是为解决这个难题而产生的。我们可以从以下几个方面来理解经济学要解决的基本问题。

一、欲望的无限性

人类社会要生存和发展，就需要不断地用物品和劳务来满足人们日益增长的需求。需求来自欲望，欲望是一种缺乏的感觉与求得满足的愿望。在现实生活中，我们常说"人有七情六欲"，这"六欲"就是欲望或者需求。人的欲望多种多样，并且是无限的。当一种较低层次的欲望得到解决、满足时，就会产生新的更高层次的欲望，欲望永无止境。这也就是中国人常说的"欲壑难填""人心不足蛇吞象"。

经济学家认为,正是欲望的无限性,才构成了人类不断追求与探索的原动力,从而推动人类社会不断向前发展。

> **扩展阅读 1-1**
>
> ## 需求(欲望)的五个层次
>
> 美国社会心理学家亚伯拉罕·哈罗德·马斯洛将人的需求(欲望)分为以下五个层次:
>
> ① 生理的需求。它包括对衣、食、住、行等基本生存条件的需求,也就是解决人们的温饱问题。这是人类最基本的需求(欲望)。
>
> ② 安全的需求。它包括生命安全、财产安全、职业安全等。它主要是对现在和未来生活安全感的需求,实际上是生理需求的延伸。
>
> ③ 社交的需求,又称归属和爱的需求。人作为社会一分子,总要有一种归属感,希望在自己的群体里有一席之地,希望与别人建立起友情,能够得到理解和爱。社交的需求比生理的需求和安全的需求更细微,它与一个人的经历、教育以及宗教信仰等有关。
>
> ④ 尊重的需求。它包括自尊与来自别人的尊重。自尊包括对获得信心、能力、本领、成就、独立和自由等的愿望。来自他人的尊重包括威望、承认、接受、关心、地位、名誉和赏识等。这是人更高层次的社会需求。
>
> ⑤ 自我实现的需求。它包括自我发展、自我理想的实现等。这种需求包括对真、善、美的追求,对完善自我的追求,以及实现自己理想和抱负的愿望。这是人类最高层次的欲望。
>
> 马斯洛认为,人的这五个层次的需求是按从低到高的层次组织起来的,只有当较低层次的需求得到某种程度的满足时,较高层次的需求才会出现并要求得到满足。一个人生理上的迫切需求得到满足后,才能去寻求安全保障;也只有在基本的安全需求获得满足之后,爱与归属的需求才会出现并要求得到满足,以此类推。

 课堂讨论

（一）资料

十不足

逐日奔忙只为饥，才得有食又思衣。
置下绫罗身上穿，抬头又嫌房屋低。
盖下高楼并大厦，床前却少美貌妻。
娇妻美妾都娶下，又虑出门没马骑。
将钱买下高头马，马前马后少跟随。
家人招下十数个，有钱没势被人欺。
一铨铨到知县位，又嫌官小势位卑。
一攀攀到阁老位，每日思想要登基。
一日南面坐天下，又想神仙来下棋。
洞宾与他把棋下，又问哪是上天梯。
上天梯子未做下，阎王发牌鬼来催。
若非此人大限到，上到天上还嫌低。

这是明代朱载堉的散曲《十不足》，它把一些人不知足的本性，刻画得入木三分、淋漓尽致。

（二）讨论

1. 你对自己或家庭的现状满足吗？
2. 你认为世界上最富有的人对自己的现状满足吗？
3. 如果每一个人真的都对自己的现状满足了，又会出现什么新情况呢？

笔记：

二、资源的稀缺性

一方面,人类的欲望是无限的;另一方面,用于满足人类欲望的资源又是有限的。这两者之间必然产生矛盾,从而引出了经济学中一个重要的概念——稀缺性。稀缺性是指相对于人类的无限欲望而言,资源总是不足的。

满足人类的欲望需要借助于一定的物品,用来满足人类欲望的物品可以分为两类,即自由取用物品和经济物品。

自由取用物品是指自然界中原来就存在的物品,人类不用付出任何代价就可以随意得到,如空气、阳光等。这类物品的基本特点是"取之不尽,用之不竭"。面对人类无限的欲望,用来满足人类欲望的自由取用物品将越来越少,如在几百年前,可以说全世界的水资源是自由取用物品,但在今天的许多地方,水已经变成最宝贵的稀缺资源之一。

扩展阅读 1-2

淡水资源是取之不尽、用之不竭的吗?

尽管地球表面70%被水覆盖,但淡水仅占总水量的2.5%,其中近70%的淡水又冻结在南极和格陵兰的冰盖中。地球上只有不到1%的淡水可为人类直接利用,主要是分布在湖泊、河流、水库和浅层地下的水源。然而,由于气候变化、环境污染、资源浪费和过度使用等问题,这些淡水资源变得更加稀缺。

《2024年联合国世界水资源开发报告》指出,时至今日,全球仍有22亿人无法享有安全管理的饮用水服务,35亿人缺乏安全管理的卫生设施。2002—2021年,全球超过14亿人受干旱影响。2022年,全球大约半数人口至少在部分时间内经历严重缺水,1/4人口面临"极高"的用水压力。预计气候变化将增加这些现象发生的频率和严重程度。[①]

[①] 徐永春.联合国报告:水资源危机威胁世界和平[EB/OL].(2024-3-22)[2024-6-14]. http://www.news.cn/20240322/2129dc45a3db4a5ea395c1f71d02efb5/c.html.

我国是水资源比较贫乏的国家之一,淡水资源占全球水资源的6%,居世界第六位,但人均水资源量仅为世界平均水平的35%,全国有近2/3的城市不同程度缺水。①

 思考:

除了淡水资源稀缺,你知道还有哪些资源也是稀缺的呢?

 笔记:

_____

_____

_____

自由取用物品由于可以被人类自由取用,因此给人类带来的满足感是十分有限的,人类的各种欲望主要依赖经济物品来满足。经济物品是指人类必须付出代价才能得到的物品,即必须投入生产要素才能生产出来的物品,如衣服、食品、房屋、汽车、手机、图书等。生产要素包括土地、劳动、资本和企业家才能。

(1)土地是指生产中所使用的各种自然资源。经济学中的"土地"是一个广义的概念,是指一国的自然禀赋,不仅包括土地,还包括矿藏、森林、山川、河流等自然资源。

(2)劳动是指劳动者在生产过程中所提供的劳务,它包括体力劳动和脑力劳动,是最基本的生产要素。

(3)资本是指生产过程中所使用的资金,包括无形的人力资本和有形的物质资本。前者是指劳动者的身体、文化、技术状态,后者是指生产过程中所使用的各种生产设备、厂房等。

(4)企业家才能是指企业家经营企业的组织能力、管理能力与创新能力。

由于用于生产经济物品的生产要素总是有限的,因此,用于满足人类欲望的经

---

① 王浩.持续提升水资源节约集约利用水平[EB/OL].(2024-3-29)[2024-6-14]. http://hb.people.com.cn/n2/2024/0329/c194063-40792438.html.

济物品的数量必然是有限的。

资源的稀缺性是人类社会的永恒主题，它存在于人类社会的各个时期，存在于世界各地，存在于所有人当中。首先，稀缺性存在于人类社会的所有时期和一切社会阶段，无论是生产力水平低下的原始社会，还是科技高度发达的现代社会；其次，稀缺性存在于世界各地，无论是欠发达国家，还是发达国家；最后，稀缺性存在于所有人当中，无论是经济窘迫的穷人，还是富可敌国的世界富豪。

扩展阅读 1-3

矿藏、土地、劳动力、资本、企业家和时间等资源都是稀缺的

（1）矿藏是稀缺的。例如，石油、金、银、铜、宝石、玉石等资源都是稀缺的。

（2）土地是稀缺的。例如，北京、上海、广州、深圳、香港等许多大城市的房价都很高，其原因不是房子本身造价高，而是土地价格高。

（3）劳动力是稀缺的。虽然中国有14亿人，就业人员超过7亿人，可是受过高等教育的人口比例却不高，受过高等职业教育的高素质技术技能型人才的比例就更低了。

（4）资本是稀缺的。干什么都需要钱，没钱简直寸步难行。如果你大学毕业后想自己创业开公司，可是没本钱，又找不到投资者，你或许就会感叹：资本是稀缺的。

（5）企业家是稀缺的。企业家是当今社会最宝贵的资源，因为合格的企业家不多，所以，一些优秀的企业家的年薪可能高达千万甚至上亿元人民币。

（6）时间是稀缺的。有许多美好的事都值得我们去尝试，但人们总觉得时间不够，不但每天只有24小时，多数人一生也长不过百年。

三、解决资源稀缺性问题的途径——选择

 课堂讨论

在现实中，当你的消费欲望超出你的收入，你是如何解决的？

笔记：
_____
_____
_____

如何解决人类欲望无穷与资源稀缺这一矛盾？主要有以下两种方式：

第一，减少或压抑人的欲望。这种方式虽然能在一定程度上缓解资源的稀缺性问题，但不利于满足人民对美好生活的向往，也有悖人性。

第二，不压抑人的欲望，而是发展生产，增加有效供给，不断满足人民不断增长的物质和文化生活需要。这也是现代社会普遍认可并正在采用的方式。

但是，无论人类再怎么努力发展生产，所能提供的资源总是比人们的欲望要少，只能满足人类的一部分欲望，不可能满足人类的所有欲望。此时，人类就需要研究"先满足哪些欲望，后满足哪些欲望"或"只满足哪些欲望，不满足哪些欲望"，这个过程就是"选择"。每个人都会遇到许许多多的"选择"问题。

例如，大学的时间是有限的，用多少时间学习，用多少时间进行娱乐、体育活动等，需要进行"选择"。毕业时应去找工作还是继续读书深造，需要进行"选择"。我们个人的收入总是有限的，多少钱用来消费，多少钱留作储蓄，需要进行"选择"。一国政府的财政收入是有限的，如何安排财政支出，分配多少给文化体育、教育经费和社会保障等方面，都需要进行"选择"。只有合理地作出选择，人们的欲望才能得到最大限度的满足。

四、经济学要解决的基本问题

经济学产生于资源的稀缺性，经济学就是要研究人类社会面对稀缺资源如何作出选择。从总体上看，经济学要解决两大问题，即资源配置和资源利用。

1. 资源配置

资源配置主要涉及三个基本经济问题：生产什么、生产多少？如何生产？为谁生产？

（1）生产什么、生产多少

由于资源稀缺，用于生产某种产品的资源多了，用于生产其他产品的资源就会减少。因此,在决定使用资源之前,首先必须明确生产什么产品、生产多少。例如,土地资源是有限的,一块土地在使用之前,先要确定是将它用于生产粮食、建工厂,还是修建公园。在市场经济中,需求决定生产,企业生产什么、生产多少是由消费者的需求决定的。企业往往通过观察商品的价格变动来了解消费者的需求与偏好,把握相关商品的供求状况和紧缺程度,从而指导生产。

(2) 如何生产

确定了生产什么、生产多少后,第二个必须考虑的问题是如何生产。确定如何生产,就是确定用什么样的生产方式和什么生产技术来生产。例如,家具可以用劳动密集型的手工来生产,也可以用资本密集型的机器来生产,还可以用技术密集型的智能控制系统来生产。那么,是什么因素使企业最终决定采用某一种方式而不是其他方式?影响企业决定采用某种生产方式和某种生产技术的主要因素是成本,即劳动、土地、资本和企业家才能等生产要素的价格。由于生产要素的价格在不同国家和地区是不同的,因此,生产同一种产品,不同的企业会选择不同的生产技术和生产方式,企业决策的出发点是以最低的成本获得最高的利润,从而实现资源的最优配置。

> **扩展阅读 1-4**

我国工业机器人发展迅猛 智能化趋势日益明显

近年来,随着人工成本的不断攀升,制造业转型升级的步伐加快,工业机器人凭借其高效、准确、灵活,且无须人工干预、自动作业等多重优势,逐渐成为制造领域最受欢迎的"优秀员工"。第一,随着制造业向智能化、数字化转型,制造业需要更加灵活、高效的生产方式来应对市场的快速变化和个性化需求,而工业机器人正好满足了这一需求。它们可以根据预定的程序和算法,精确地完成各种复杂的生产操作,能够提高生产效率和产品质量。第二,随着人工成本的不断上升和人力资源的短缺,制造企业更加倾向于采用工业机器人来替代传统的人工劳动力。工业机器人具有高度的自动化程度和可编程性,能够在没有人类干预的情况下完成生产任务,减少了对人力资源的依赖,降低了劳动力成本。

如今，无论是传统产业还是新兴行业，无论是民生领域还是重大工程，机器人都在大显身手。作为新一轮科技革命与制造业深度融合的重要载体，机器人产业的蓬勃发展，正极大改变着人类的生产和生活方式，为经济社会发展注入强劲动能。

思考：

1. 从理论上说，企业采用的技术越先进越好。为何在现实中，不同企业在生产同一种产品时，技术水平差异很大。

2. 外卖小哥送外卖，既可以骑自行车、电动车，还可以开小汽车，甚至使用无人机。为何我们极少看到骑自行车的外卖小哥和开小汽车的外卖小哥？

（3）为谁生产

为谁生产，简单地说是产品应该如何分配。产品生产出来以后，就出现了分配问题。由于资源有限，不可能使全社会每一个人的欲望同时获得满足。很显然，收入高的人可以消费更多、更好的商品。一个国家应按什么原则进行分配，如何解决收入分配中的公平与效率问题，这是所有政府都无法回避的重大问题。

上述三个问题被认为是人类社会共同面对的基本经济问题，也被称为资源配置问题。所谓资源配置，就是把资源分配到各种可供选择的用途中，以生产出能满足人们不同需要的产品。

2. 资源利用

资源利用是经济学要解决的另一大问题。所谓资源利用，是指人类社会如何更好地利用现有的稀缺资源，用它们生产出更多的物品。在现实中，人类社会往往面临这样一种矛盾：一方面，资源是稀缺的；另一方面，稀缺的资源又得不到充分的利用，如劳动者失业，厂房、机器设备、耕地闲置。所以，人们在从事经济活动时，不仅要合理配置资源，还要充分利用好资源。资源利用主要涉及以下三个问题：

① 为什么稀缺的资源得不到充分利用？如何解决失业问题，实现充分就业？

② 一国（地区）经济水平和产量为什么会发生波动？如何才能实现经济持续增长？

③ 为何一国（地区）会发生通货膨胀或通货紧缩？应采用什么样的经济政策加以解决？

通过以上分析，我们可以给经济学下一个简单的定义：经济学是一种"选择"的科学，即研究人类在面对资源稀缺性和人类欲望无限性时，就资源配置和资源利用作出选择的科学。

第二节　经济学中的几个重要概念

一、经济活动的"四要素"

经济活动是一种在买方和卖方之间开展的活动，需要四个要素，即厂商（生产者）、消费者、市场和政府。

1. 厂商

厂商也称企业，是提供商品的主体。所有的生产者，无论其生产什么，我们都称之为厂商。生产物质产品的是厂商，如食品加工厂、服装厂、汽车制造公司等；为人们提供各种服务的也是厂商，如银行、电影院、超市、医院、出租车公司等。

2. 消费者

经济活动的另一个主体是消费者，即商品的买方。

3. 市场

市场是商品交换的场所。消费者需要购买消费品，厂商也需要找到能购买其产品或劳务的人，但让所有的消费者直接找厂商购买是不现实的，因此，市场作为交易的场所就应运而生。传统的市场是指固定的买卖场所，一个农贸集市就是一个典型的市场。到了今天，我们所说的市场，既包括实体交易场所，如农贸市场、商场；也包括虚拟交易平台，如证券市场、期货市场、各种电商平台等。

4. 政府

虽然市场为厂商和消费者的相互交易提供了平台，但市场有时也会出现一些问题（经济学中称为"市场失灵"）。例如，垄断企业会严重损害消费者的利益，这时就必须由政府介入，制定反垄断法，对垄断行为进行限制或惩罚，以维护消费者的权益。

二、经济人假定

经济人假定又称理性人假定,其含义是每个人(不但包括自然人,也包括厂商)都是在既定约束条件下追求自己利益极大化的。因为资源稀缺,所以人是受资源稀缺约束的,如收入的限制、时间的限制等。人们只能在这些约束下追求利益的最大化。

"经济人"最早由英国经济学家亚当·斯密提出。他在其 1776 年出版的名著《国民财富的性质和原因的研究》(以下简称《国富论》)里指出:"我们每天所需的食料与饮料,不是出自屠户、酿酒家或烙面师的恩惠,而是出于他们自利的打算。"① 对亚当·斯密提出的这一说法,后人归纳为经济人假定,其含义有二,即一方面人是理性的,另一方面人是自私的。

在经济学家的眼里,千差万别的活生生的人都是理性经济人——不懈地追求自身利益最大化的人。经济人都是自利的,以自身利益最大化作为自己追求的目标。当一个人在经济活动中面临若干不同的选择机会时,他总是倾向于选择能给自己带来更大利益的那种机会。

经济人假定认为人是自私的,但绝非倡导人们自私。恰恰相反,它是提醒决策者,若要惩恶扬善,就必须注意人性自私这一特点。民间有句俗语:"先小人后君子。"意思是说,为了事后不伤和气,事前不妨把人往坏处看,如朋友做买卖,明知都是君子,可签合同时,双方还得把违约责任写上。经济人假定也是如此,不管张三、李四是否自私,但要作经济分析,就得假定人是自私的。

 课堂讨论

一个社会为什么要有道德和法律的约束?

笔记: _____

_____

_____

_____

---

① 亚当·斯密. 国富论 [M]. 郭大力,王亚南,译. 上海:上海三联书店,2009:11.

三、看不见的手

"看不见的手"是指家庭或厂商受市场这只"看不见的手"的指引，决定购买什么、购买多少、何时购买，决定生产什么、生产多少、如何生产、为谁生产。家庭或厂商能够通过价格的涨落，及时、准确地掌握供求关系的变化，积极调整生活或生产经营活动，从而在追求自身利益最大化的同时，推动科学技术和经营管理的进步，促进劳动生产率的提高和资源的有效利用，实现整个社会福利最大化。

"看不见的手"最早由亚当·斯密提出。17—18世纪是资本主义形成和发展的初期，生产规模还相对较小，经济自由竞争还受到各种限制。亚当·斯密在《国富论》中对经济自由竞争、自由贸易进行了详尽的阐述。亚当·斯密认为，在市场中，市场这只"看不见的手"能够解决一切问题。

亚当·斯密主张国家不要干预经济，要让经济自由发展，让市场机制自发地起作用。每个人都会自动按照市场机制，根据自己的利益去做事，这样经济就会发展。

四、看得见的手

"看得见的手"一般是指政府宏观经济调控或管理，也称"有形之手"，是"看不见的手"的对称提法。

市场这只"看不见的手"在现代市场经济运行中发挥着关键作用。但市场的作用不是万能的，也不是完美无缺的。市场具有自发性、盲目性和滞后性的缺陷。如果仅由市场这只"看不见的手"进行调节，就会导致市场失灵，如出现垄断、信息不对称、环境污染、收入分配不公、经济发展失衡、社会动荡等问题。

当出现市场失灵时，政府干预就不可避免。政府干预的手段有：通过经济手段，指明经济发展的目标、任务、重点；通过法律手段，规范经济活动参与者的行为；通过行政手段，如通过命令、指示、规定等行政措施，直接、迅速地调整和管理经济活动。最终目的是补救"看不见的手"在调节微观经济运行中的失效。

如果政府的作用发挥不当，不遵循市场的规律，也会产生消极的后果。在现代市场经济发展中，必须用好政府这只"看得见的手"和市场这只"看不见的手"，使全社会的资源得到最优配置和充分利用。

五、经济制度

经济学解决的是资源配置和资源利用的问题,而一个社会资源配置和资源利用的方式与这个社会的经济制度有关。经济制度主要有三种类型:市场经济制度、计划经济制度和混合经济制度。

1. 市场经济制度

市场经济制度的基本特征是:通过市场这只"看不见的手"的调节,来决定生产什么、如何生产和为谁生产的问题,即有关资源配置和资源利用的问题主要由市场供需来决定。

2. 计划经济制度

计划经济制度的基本特征是:通过政府的计划而不是市场来解决资源配置和资源利用的问题。在计划经济制度中,资源基本归政府所有,生产什么、如何生产和为谁生产的决策权高度集中在政府手中,政府依靠对资源的所有权、强制力及其自身掌握的信息作出决策。

3. 混合经济制度

混合经济制度是市场调节和政府调控相结合的一种经济制度。当今世界各国,除个别国家外,多数实行的是不同程度的混合经济制度,通过市场经济制度与计划经济制度不同程度的结合来解决资源配置和资源利用问题,但不同国家采用的混合经济制度又有差别。

第三节 经济学的基本内容

经济学的内容大体分为两大类:一类是微观经济学,主要研究资源配置问题;另一类是宏观经济学,主要研究资源利用问题。

一、微观经济学

微观经济学是以单个经济单位为研究对象,通过研究单个经济单位的经济行为来说明如何解决社会的资源配置问题。

这里所说的"单个经济单位"是指组成经济的最基本的单位:个人、家庭与企业。其中，个人和家庭又称居民户，是经济中的消费者和生产要素的提供者；企业是经济中的生产者和生产要素的需求者。微观经济学要研究个人和家庭如何把有限的收入分配于各种物品的消费，以实现满足程度最大化，以及企业如何把有限的资源用于各种物品的生产，以实现利润最大化。

微观经济学的研究内容主要包括以下几个方面：

（1）价格理论：研究某种商品的价格如何决定，以及价格是如何调节整个经济运行的。价格理论是微观经济学的中心，其他内容都是围绕这一中心而展开的。

（2）消费者行为理论：研究消费者如何把有限的收入分配到各种物品的消费上，以实现效用最大化。

（3）生产者行为理论：研究生产者如何把有限的资源用于各种物品的生产，以实现利润最大化。

（4）分配理论：研究各生产要素所有者的收入如何决定，以及如何实现社会收入分配公平。

（5）市场失灵与微观经济政策：研究市场失灵产生的原因及政府的解决方法。

二、宏观经济学

宏观经济学是以整个国民经济为研究对象，研究资源如何才能得到充分利用。宏观经济学的主要内容包括：

（1）宏观经济总量的衡量理论：研究宏观经济总量指标 GDP（国内生产总值）的变动及其规律。

（2）失业与通货膨胀理论：研究失业与通货膨胀的原因及解决途径。

（3）经济周期与经济增长理论：研究一国（地区）经济波动的原因、经济增长的源泉等问题。

（4）宏观经济政策：研究国家为什么必须干预经济，以及应该如何干预经济。

扩展阅读 1-5

微观经济学与宏观经济学的关系

微观经济学与宏观经济学是经济学的两个组成部分，二者的内容不同，但它们之间又有密切的联系。

> 一方面，微观经济学与宏观经济学是相互补充的。经济学要研究如何用稀缺的资源去满足人类的无限欲望。为了达到这一目的，既要考虑资源的最优配置，又要实现资源的充分利用。微观经济学研究的是如何使资源达到最优配置，宏观经济学研究的是如何才能使资源得到充分利用。它们分别从不同的角度分析社会经济问题，二者相互补充，共同组成经济学的基本原理。
>
> 另一方面，整个国民经济是由单独的、个别的经济单位组成的，个别的经济单位是整个国民经济的基础，所以，微观经济学是宏观经济学的基础。

第四节　为何要学习经济学

打开手机，翻阅报刊，满眼尽是财经新闻。如果对经济学一无所知，不知道什么是"需求""供给""GDP""CPI""股票指数""汇率""税收"等，你会感觉与这个世界格格不入。无论你将来从事什么工作，经济学都能为你的事业发展助一臂之力。

一、学习经济学有助于你做出更好的决策

在人的一生中，需要做出各种各样的决策。例如：

在高中毕业时，你需要决定是继续上学还是参加工作。如果选择上大学，那么需要决定选报哪所学校，选择哪个专业。

当你大学毕业时，你需要决定是继续读书深造，还是去工作。如果选择去工作，需要决定是去公司打工，还是自主创业。

若选择自主创业，就需要决定你的公司生产什么产品，产品卖什么价格，在哪些媒体上做广告，招收什么样的员工，选择谁当合伙人等。

如果选择打工，你需要决定是去大城市闯荡，还是留在小城市奋斗？

在工作之后，你需要决定如何支配有限的收入：多少用于现在的消费，多少用于储蓄；是把有限的钱存入银行，还是用于投资理财等。

……………

为什么要进行上述问题的决策？因为你的资源是有限的——时间有限，资金也有限。如果你高中毕业后参加工作，可能就没有时间上大学；如果你把钱用于买房

子，可能就没有钱再买汽车。所以，你必须在各种需求之间合理分配你有限的资源。

经济学是有关个人选择的科学，学习经济学有助于你作出更好的决策。

二、学习经济学有助于理解世界是如何运转的

为何会出现大学生就业难？

为何抖音中有些带货主播一天可以赚几万甚至更多，而一名普通企业员工一年才赚几万？

为何电话诈骗分子的骗术并不高明，却屡屡成功？

为何大街上的路灯坏了，没有哪个居民主动去修理？

为何会出现金融危机？

为何同一个人，在不同国家、不同地区或不同行业工作，其收入差距悬殊？

为何一个手机号或车牌号可以卖到几万元、几十万元甚至更多？

为何一些曾经辉煌的百年老店后来会经营困难，甚至倒闭？

为何垄断企业的服务那么差，收费却那么高？

…………

你的生活状况不仅取决于你个人的决策，而且依赖于他人的决策以及周边环境的变化。学习经济学，可以帮助你更好地理解世界是如何运转的，也有助于改进你的决策。

三、学习经济学有助于理解政府政策的优与劣

为何一些地方 GDP 增长了，环境却被破坏了（如空气质量变差了）？

为何城市道路越修越多、越修越宽，交通却越来越拥堵？

…………

上述问题应由谁来解决？是个人、企业还是政府？许多人可能会立刻想到政府。事实上，每个社会成员都离不开政府。如果没有政府，或许没有谁会为我们提供诸如路灯、义务教育、环境保护、国防保障这样的公共产品；如果没有政府，没有谁会为我们提供市场交易所需要的规则和秩序这样一类公共产品，也没有谁会保护我们的个人财产和人身安全。

学习了经济学，你会明白我们为什么需要政府，政府的职责范围又是怎样的。

无论你今后做什么，你不会后悔曾经学习过经济学。

第一章 经济学是什么

本章要点回顾

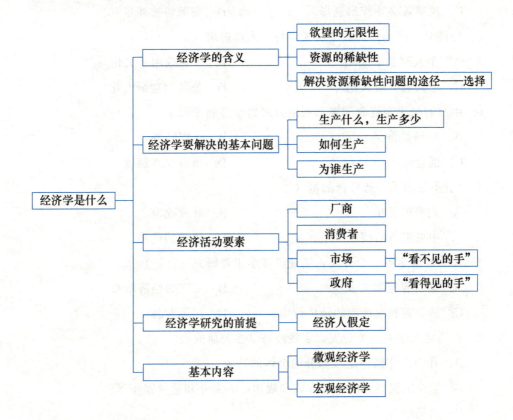

学以致用

一、单项选择题

1. 美国著名心理学家马斯洛认为人最高层次的欲望是（ ）。

   A. 安全　　　　B. 尊重　　　　C. 自我实现　　　　D. 归属和爱

2. 经济学上所说的"稀缺性"是指（ ）。

   A. 欲望的无限性　　　　　　B. 欲望的相对有限性

   C. 资源的相对有限性　　　　D. 资源的绝对稀缺性

3. 经济物品是指（ ）。

   A. 有用物品　　　　　　　　B. 稀有物品

   C. 有用且稀缺的物品　　　　D. 必须用货币购买的物品

4. 稀缺性的存在意味着（　　）。
   A. 人类必须节制欲望 B. 政府必须干预经济
   C. 决策者必须作出选择 D. 资源将被耗尽

5. 经济学中的经济人假定认为，每个人都追求（　　）。
   A. 个人利益最大化 B. 个人效用最大化
   C. 个人名誉最大化 D. 公共利益最大化

6. 由政府来决定资源配置和利用方式的经济制度属于（　　）。
   A. 市场经济 B. 计划经济
   C. 混合经济 D. 所有经济制度

7. "看不见的手"通常指的是（　　）。
   A. 商品的价格 B. 财政政策
   C. 中央银行的调控 D. 法律的约束

8. 作为经济学的一个分支，微观经济学主要研究（　　）。
   A. 通货膨胀和失业 B. 一国的经济增长
   C. 消费者和生产者的经济行为 D. 国际贸易

9. 作为经济学的一个分支，宏观经济学主要研究（　　）。
   A. 作为总体经济组成部分的个体的行为
   B. 整个国民经济的运行方式和规律，如失业和通货膨胀等
   C. 市场经济
   D. 单个消费者和企业的相互作用

二、多项选择题

1. 经济学要解决的基本问题有（　　）。
   A. 生产什么　B. 如何生产　C. 为谁生产　D. 如何消费

2. 经济活动通常包括哪几个要素？（　　）
   A. 厂商　　　B. 消费者　　C. 市场　　　D. 政府

3. 下面哪项是宏观经济学的研究内容？（　　）
   A. 经济增长 B. 失业与通货膨胀理论
   C. 通货膨胀理论 D. 消费者行为

三、简答题

1. 如何理解资源的稀缺性？

2. 如何理解经济学中的"选择"？

3. 经济学要解决哪三个基本问题？

4. 如何理解经济人假定？

笔记：

四、案例分析题

第 1 题

（一）资料

中国正在由制造大国向制造强国、创新强国加速迈进，与之相适应，中国的职业教育也得到了前所未有的重视与发展。近年来，习近平总书记多次强调，职业教育是国民教育体系和人力资源开发的重要组成部分，是广大青年打开通往成功成才大门的重要途径，要加大对职业教育的支持力度，让每个人都有人生出彩的机会。

高职和本科是高等教育两种不同的类型，没有高低贵贱之分。中国不仅需要仰望星空的科学家、工程师，也需要脚踏实地将设计精确实现出来、将机器效能发挥到最大的能工巧匠。高素质的高职毕业生已成为一种稀缺人才，是就业市场的"香饽饽"。

（二）要求

作为一名高职学生，大家应对自己的前途充满信心。请结合所学专业，谈谈你准备如何把自己培养成受社会欢迎的人才？

笔记：

第 2 题

（一）资料

通过调查本校或外校学生获取有关资料。

调查问题：现在的大学生分别面临哪些稀缺性问题（如学习时间、生活费、专业选择等）？他们是如何解决这些稀缺性问题的？

（二）要求

全班分成4~6个小组，每组调查至少20名学生。

分组讨论如何解决这些稀缺性问题。

各组派出一名代表汇报小组讨论的结论，最后由教师点评。

笔记：

知识链接 1-1

经济学的前世今生

"经济"一词，在西方源于希腊文，原义是家计管理。在古汉语中虽然没有现代意义上的"经济"一词，但有另一个近似的词，即"经世济民"。经，可以当经营讲；济，就是帮助、救助的意思。经世济民就是使社会繁荣、百姓安居的意思，这是中国古代贤士的立世准则。

1867年，日本的神田孝平最先把"economics"译成三个汉字：经济学。我们现在所讲的"经济"和"经济学"，都是在19世纪末20世纪初，随着中日两国文化交流和人员交往，从日本传到中国的。

一、经济学的产生

人类社会早在几千年前就有了哲学和社会科学，但经济学产生的时间却很晚，可以说它是一门年轻的科学。

最早的经济学说是16—17世纪的重商主义。1615年，法国重商主义者安托万·德·蒙克莱田出版《献给国王和王后的政治经济学》一书，表明经济理论已从研究家产管理扩展到国家财富。重商主义的基本观点是：金银形态的货币是财富的唯一形态，一国的财富来自对外贸易，增加财富的唯一方法就是扩大出口、限制进口。由此出发，它的基本政策主张是国家干预经济，即用国家的力量来增加出口、限制进口，通过多卖少买、贵卖贱买增加国家财富。这些观点，反映了原始积累时期资本主义经济发展的要求。重商主义仅限于对流通领域的研究，其内容也只是一些政策主张，并没有形成一个完整的理论体系，它只是早期的经济学说。

1776年，英国经济学家亚当·斯密出版了《国富论》一书，标志着现代经济学的产生，亚当·斯密被尊称为"经济学的鼻祖"。

亚当·斯密提出了著名的被后人称为"看不见的手"的原理。他主张国家不要干预经济，让经济自由发展，让市场机制自发地起作用。他认为每个人都会自动按照市场机制，根据自己的利益去做事，这样经济就会发展了。

在他的思想指引之下，英国的经济首先得到发展，接着是西欧其他国家，之后是美国。亚当·斯密的经济思想统治了资本主义世界约150年之久，人们用他的经济思想来管理国家：政府不干预经济，让经济自由发展，政府只做个守夜人。直到今天，经济学家们还在就政府究竟该不该干预经济争论不休。

二、经济学的发展

经济学产生之后，主要历经了以下几个发展阶段。

1. 经济学发展的第一阶段：古典经济学

古典经济学的核心之一是强调劳动决定商品的价值。古典经济学体系的创立者就是亚当·斯密。亚当·斯密之后，1817年，英国经济学家大卫·李嘉图出版了《政治经济学及赋税原理》一书，提出了影响深远的"比较优势原理"。

古典经济学批判和否定封建主义的生产方式，研究和提倡资本主义的生产方式。但是，随着资产阶级确立政治统治地位，资产阶级与无产阶级的矛盾趋于激化，使古典经济学发生了危机。

2. 经济学发展的第二阶段：新古典经济学阶段

18世纪末，古典经济学宣告解体，出现了以法国的让·巴蒂斯特·萨伊、英国的阿尔弗雷德·马歇尔等为代表人物的新古典经济学。其标志是马歇尔在1890年出版的《经济学原理》一书。马歇尔认为，商品的价格（价值）既取决于劳动等客观因素（即供给），也取决于效用等主观因素（即需求）；供给和需求共同决定价格。

新古典经济学主张自由竞争和自由放任的经济原则，反对政府干预经济，认为资本主义市场经济能够通过自行调节而实现经济资源的有效配置，保证经济增长。但是，20世纪30年代，资本主义国家发生的严重经济危机使新古典经济学陷入困境。

3. 经济学发展的第三阶段：现代经济学阶段

现代经济学产生的标志是英国经济学家约翰·梅纳德·凯恩斯于1936年出版的《就业、利息和货币通论》一书。

自18世纪亚当·斯密以来的经济学家一直坚信"看不见的手"的原则，主张采取放任自流的经济政策，认为"商品供给自行创造需求"。但是，西方国家在1929—1933年爆发的经济危机，使整个资本主义世界都陷入了同样的困境。新古典经济学对于这一现象无法给出一个合理的解释。正是在这样的历史背景下，凯恩斯出版了《就业、利息和货币通论》一书。在书中，凯恩斯解释了资本主义世界1929—1933年"大萧条"的原因。他认为，资本主义市场机制并不能自行调节资源的有效配置，资本主义经济也不是总能实现充分就业，相反，资本主义经济常常没有达到充分就业。他主张，要实现充分就业，资本主义国家就必须对经济进行干预，有效刺激总需求。凯恩斯的国家干预政策帮助危机中的资本主义国家走出了困境，因此受到了普遍的重视。凯恩斯的经济学理论从诞生到20世纪60年代，一直是经济学的主流。但是，20世纪70年代初，西方国家普遍发生了经济"滞胀"，即经济停滞与通货膨胀并存。凯恩斯主义对此无法解释，也没有有效的应对方法，从而使经济学又一次陷入困境。

面对这种局面，经济学的众多流派纷纷出现。这些流派大体可以分为凯恩斯主义的支持者和反对者两大派。

（1）凯恩斯主义的支持者

凯恩斯主义的支持者主要有新凯恩斯主义经济学（新古典综合派）和新剑桥学派。

新凯恩斯主义经济学既认为市场是有效的，市场的作用是基本的，又承认市场有时候有缺陷，政府的干预也是必要的。这一派最杰出的代表人物是1970年诺贝尔经济学奖获得者美国经济学家保罗·萨缪尔森，他构建了现代经济学的分析框架。

新剑桥学派的主要代表人物在剑桥大学，他们的基本观点与新古典综合派大同小异，主要代表人物是琼·罗宾逊夫人，其代表作是《不完全竞争经济学》。

(2) 凯恩斯主义的反对者

凯恩斯主义的反对者主要有货币主义学派和新奥地利学派。

货币主义学派的领袖人物是1976年诺贝尔经济学奖获得者美国经济学家米尔顿·弗里德曼，他被称为"自由主义的大师"，他强烈反对国家干预经济。

新奥地利学派以1974年诺贝尔经济学奖获得者之一弗里德里希·奥古斯特·冯·哈耶克等为代表，他反对国家干预经济，提倡自由主义，支持市场自发势力，反对计划经济。

现在的经济学处于"战国"时代。我们在网上经常看到许多经济学家常常就一个经济政策问题争论不休。这是因为，经济学作为一门年轻的科学，有很多理论需要完善，许多问题需要探讨。同时，不同经济学家可能拥有不同的价值观，他们对政策应该努力实现的目标持有不同观点。

第二章
价格如何决定

【知识目标】

- 理解需求和供给的概念及其影响因素
- 掌握需求定理、供给定理
- 了解均衡价格的形成和变动
- 理解需求价格弹性的概念
- 了解支持价格、限制价格的含义

【技能目标】

- 根据影响需求和供给的不同因素,初步分析商品需求和供给的关系
- 能用价格理论解释生活中常见的经济问题

【素养目标】

- 学会用辩证思维看待价格机制,正确理解政府在价格调节中的重要作用

案例导入

娜娜的困惑

一天,娜娜和男朋友一起逛街。由于天气炎热,娜娜很想喝水,于是两个人就到一家大型商场买水。在经过商场一楼时,娜娜不经意间看到了"钻石成就梦想"的广告语。广告写道:"自古以来,钻石对每个人来说都是一个梦、一种理想和一种形象。钻石对某些人来讲代表权力、富贵、地位、成就,而对某些人来说却是爱情、永恒、纯洁和忠实、勇敢、坚贞的象征。"娜娜看完了这则广告后,对钻石产生了浓厚的兴趣,她发现像米粒大小的一小颗钻石竟然要几千元。娜娜不禁感叹:"好贵呀!不过结婚的时候,我也一定要买一颗。"娜娜的男朋友看了看说:"就是,这么贵,钻石除了做首饰也没有什么用,等我们有钱了再考虑吧。现在,我们还是先买点水喝,要不然就要渴死了。钻石这么贵,却既不能吃也不能喝。而水这么有用,却只要2块钱一瓶。"

娜娜认为男朋友说的话有一定的道理,但她还是感觉很困惑。根据常识,水对维持人的生命至关重要,人不吃饭尚可以生存一周,而如果完全不喝水,三四天就会死去。奇怪的是,如此重要的水,价格却非常便宜。而钻石是非必需品,没有它,我们根本不会觉得有任何不便。与水相比,钻石是可有可无的东西。但不可思议的是,钻石的价格却非常昂贵,这是为什么呢?

💡 思考:

(1)你是如何看待水和钻石的价格悖论的?

(2)为什么看起来不值钱的含4个"8"的某广州车牌能卖出130多万元,而看起来很值钱的笔记本电脑最便宜的只需要2000多元?

(3)你认为一种商品的价格是由哪些因素决定的?

第二章　价格如何决定

笔记：

💬 提示：

　　如果你遇到一个问题，苦思冥想都不得其解，那就试试从供给和需求的角度考虑一下吧。从这个角度考虑问题或许不能完全解决问题，但是离解决问题一定不会太远。西方流传着这样一种说法："只要你教鹦鹉学会说'供给与需求'，就可以把它培养成一名经济学家。"当然，事实没有这样简单，但这种说法却十分恰当地强调了需求与供给在经济学中的重要作用。如果我们深刻理解了"需求"与"供给"这两个概念，就能够更好地分析现实中的经济问题，从而在经济生活中逐渐得心应手、游刃有余。

第一节　需　求

一、需求及其影响因素

1. 需求

　　经济学中所讲的需求（Demand），是指消费者在一定时期内、在不同价格水平下愿意并且能够购买的某种商品的数量。简单地说，需求就是购买能力与购买欲望的统一。

　　在理解这个概念的时候应该注意"愿意并且能够购买"的含义。"愿意"就是有购买欲望，"能够"就是有购买能力。因此，对某种商品的需求，必须具备以下两个条件：

　　（1）消费者必须要有购买欲望

　　如果消费者有购买能力但没有购买欲望，就不能构成需求。例如，2019年，中国有1.5亿人次到境外旅游，这些人完全有能力到阿富汗、伊拉克、叙利亚等国旅游，但因担心当地的安全局势而缺乏到这些国家旅游的欲望。没有欲望，就不能构成这些国家的有效旅游需求。

（2）消费者还必须有一定的购买能力

要构成需求，购买欲望和购买能力缺一不可。当我们走进大型超市时，好多东西我们都喜欢，可惜自己没有那么多钱。"没有那么多钱"就是没有那么大的购买能力，也就形成不了有效需求。

 课堂讨论

下列哪一种情况可以构成需求：
(1) 愿意购买，但没有购买能力；
(2) 有购买能力，但没有购买欲望；
(3) 既没有购买欲望，也没有购买能力；
(4) 有购买欲望，又有购买能力。

 笔记：

___

___

___

在理解需求时还必须注意以下几点：

第一，需求不同于我们平常所说的需要。需要是指人的主观欲望，需要可以不受购买能力的限制，任凭自己天马行空地想象。

第二，需求不同于需求量。需求量是指在某一既定的价格时，消费者愿意而且能够购买的某种商品的数量。而需求则是不同价格水平所对应的不同需求量的统称，指的是商品需求量变动与商品价格变动之间的数量对应关系。

第三，需求分为个人需求与市场需求。个人需求是指单个消费者对某种商品的需求，即对应该商品每一种可能的价格，消费者愿意并有能力购买的数量。将某一商品每一种可能的价格下所有个人需求量加总求和，即得到与不同价格相对应的市场需求量。由此可见，个人需求是构成市场需求的基础，市场需求是所有个人需求的总和。

扩展阅读 2-1

不懂"需求"的英国商人

1840年鸦片战争之后,一批英国商人进入中国,他们为了打开中国这个广阔的市场而欣喜若狂。当时英国棉纺织业中心曼彻斯特的商人估计,中国有4亿人,假如有1亿人晚上戴睡帽,每人每年用两顶,整个曼彻斯特的棉纺厂日夜加班生产也不够,何况还要做衣服呢!当时中国有许多富人,他们完全具有购买英国洋布的能力。于是英国商人把大量的洋布送到中国,甚至还带来了吃饭用的刀叉和娱乐用的钢琴。结果与他们的预期相反,中国人没有戴睡帽的习惯,不论富人还是穷人,更喜欢穿自产的丝绸或土布做成的衣服,洋布根本卖不出去,刀叉和钢琴更是无人问津。

 思考:

英国商人为什么会失算?该案例对企业有何启示?

 笔记:

_____

_____

_____

2. 影响需求的因素

消费者对某种商品的需求受到多种因素的影响,这些因素可以分为两类:一类是商品本身的价格;另一类是除商品自身价格之外的其他因素,包括消费者的收入、相关商品的价格、消费者偏好和消费者对未来的预期等。

(1) 商品自身的价格

一般来说,商品的需求量与其价格之间呈反方向变动。当某种商品价格上升时,消费者对这种商品的需求量就会减少;反之,当商品价格下降时,消费者就会增加这种商品的购买数量,即需求量增加。

例如,当草莓价格为 30 元/千克时,其需求量为 60 千克;当价格上涨到 40 元/千克时,其需求量为 40 千克;当价格下降到 20 元/千克时,其需求量为 80 千克。

(2) 消费者的收入

一般情况下,若消费者的收入增加,意味着消费者的支付能力提高,在相同的价格水平下,消费者对某些商品的需求量就会增加。若消费者的收入减少,则他们对某些商品的需求一般会相应地减少。

(3) 相关商品的价格

一种商品的需求不仅取决于其本身的价格,而且还取决于相关商品的价格。相关商品一般分为以下两类:

① 互补商品。这类商品要互相补充配套,才能正常使用。如镜架和镜片、汽车和汽油、乒乓球和乒乓球拍等。当一种商品(如汽车)的互补商品(如汽油)价格上升时,这种商品的需求数量往往就会下降,反之亦然。

② 替代商品。这类商品在某种程度上可以互相替代。如面包和蛋糕、梨子与苹果、猪肉与牛肉、火车与飞机等。当一种商品(如梨子)的替代商品(如苹果)价格上升时,这种商品的需求数量就会上升,反之亦然。

(4) 消费者偏好

人们的消费行为与自身的偏好有关。如果消费者偏好某种商品,自然会增加对这种商品的消费,这种商品的需求量就会增加;反之,则会减少。在实际生活中,消费者的偏好可能受传统、宗教观念等社会文化因素影响。例如,中国北方人爱吃面食,印度人忌讳吃牛肉。同时,偏好还会受到广告、时尚等因素的影响。

(5) 消费者对未来的预期

消费者对自己的收入水平及商品的价格水平的预期往往会直接影响其消费欲望。如果消费者预期未来几个月会赚到更多的钱,他就可能用当前的收入去多购买一些自己喜欢的商品,那么相应商品的需求量就会增加。对一个计划购房的人而言,如果他预期半年后房价一定会下跌,那么他可能会决定等几个月再购房;如果他预期房价还要上涨,那么他可能现在就去购房。

第二章 价格如何决定

 课堂讨论

（一）资料

表 2-1 中列出了影响需求的一些因素。

表 2-1 影响需求的因素

序号	影响需求的因素的变化	需求的变化（增加或减少）
1	商品自身价格下降	
2	消费者收入增加	
3	替代品价格下降	
4	互补品价格下降	
5	消费者对商品的偏好增加	
6	预期未来商品价格会下降	

（二）要求

请在表 2-1 第三列中填入增加（↑）、减少（↓）或不变（—）的符号。

笔记：

_____

_____

_____

3. 需求表与需求曲线

在一定时期和特定的市场上，我们可以将消费者在不同的价格水平下愿意且能够购买的商品数量列成一张表格，这张表格就是需求表。例如，在某地市场上，当草莓的价格为 10 元/千克时，需求量为 100 千克；当价格为 20 元/千克时，需求量为 80 千克；当价格为 30 元/千克时，需求量为 60 千克；当价格为 40 元/千克时，需求量为 40 千克；当价格为 50 元/千克时，需求量为 20 千克；等等。根据这些数字，我们可以编制出一张需求表（如表 2-2 所示）。该需求表可以表示出某种商品的价格和消费者在此价位上愿意且能够购买的商品量之间的对应关系。

表 2-2 需求表

价格-需求量组合	价格/（元/千克）	需求量/千克
a	10	100
b	20	80
c	30	60
d	40	40
e	50	20

根据表 2-2，我们可以画出需求曲线（如图 2-1 所示）。

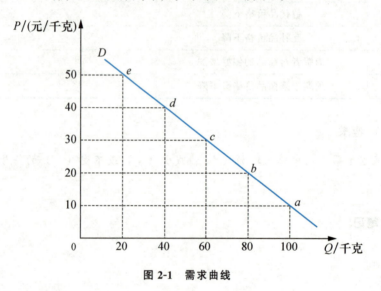

图 2-1 需求曲线

在图 2-1 中，横轴代表消费者对草莓的需求量（Q），纵轴代表草莓的价格（P），D 即为草莓的需求曲线。

扩展阅读 2-2

需 求 函 数

通过对影响需求因素的分析，我们可以将某种商品的需求量与其影响因素之间的关系用一个函数表示出来，这个函数就是需求函数。如果把影响需求量的因素作为自变量，把需求量作为因变量，则需求函数可写为：

$$Q_D = f(a, b, c, d, \cdots)$$

式中，Q_D 代表某种商品的需求量；a，b，c，d，…代表影响这种商品需求量的因素。

在影响商品需求量的众多因素中，商品的价格是最重要的因素。在进行经济分析时，通常假定其他条件不变，仅分析一种商品的价格变化对该商品需求量的影响，这时需求函数可表示为：

$$Q_D = f(P)$$

式中，P 表示商品价格，即某种商品的需求量是其价格的函数。

若需求曲线是一条直线，则需求函数可写为：

$$Q_D = a - bP$$

需求曲线向右下方倾斜，这是因为在其他条件不变的情况下，商品的价格较低时意味着该商品的需求量较大。

思考：

若将图 2-1 中的需求曲线写成 $Q_D = a - bP$ 的形式，那么式中的 a 和 b 的值如何确定？

笔记：

提示：$a = 120$，$b = 2$，$Q_D = 120 - 2P$

二、需求规律

从需求表和需求曲线中可以看出，一种商品的需求量与其自身价格是呈反方向变动的，这种现象被称为需求规律。其基本内容是：在其他条件不变的情况下，一种商品的需求量与其自身价格之间存在着反方向变动的关系，即需求量随着商品自身价格的上升而减少，随着商品自身价格的下降而增加。

在理解这个规律的时候要注意"在其他条件不变的情况下"这句话。所谓"其他条件不变"，是指除了商品自身的价格以外，其他任何能够影响需求的因素（如消费者的收入、相关商品的价格、消费者的偏好和消费者对未来的预期等）都保持不变。也就是说，需求规律是在假定影响需求的其他因素都不变的情况下，研究商品自身价格与需求量之间关系的。离开了"其他条件不变"这个前提，需求规律也将不复存在。例如，羽绒服在冬天的需求量比较大，而到了夏天后，即使羽绒服的价格下降，其需求量可能还是会减少。

课堂讨论

有没有不符合需求规律的商品呢？如果有，请举例。假设你销售的商品属于此类，那么当商品涨价时，该商品的销售量会不会增加呢？

笔记：

扩展阅读 2-3

需求规律的例外情况

通过需求规律我们知道：当其他条件不变时，商品的价格越低，其需求量越大；商品的价格越高，其需求量越小。但这一规律也有例外。需求规律的例外有以下三种情况。

1. 吉芬商品

吉芬商品是指在其他因素不变的情况下，价格上升引起需求量增加的物品。吉芬商品一般是低档的生活必需品，是由英国统计学家罗伯特·吉芬最早发现的。1845 年爱尔兰发生大灾荒，虽然土豆的价格急剧上升，但其需求量不减反增。这一现象在当时被称为"吉芬难题"。通过调查,吉芬发现了根源所在:爱尔兰1845年发生的大灾荒使得大量家庭陷入贫困,收入急剧减少。相比土豆这种最便宜的低档品,人们已经没有能力购买其他价格更高的替代品了。因此,尽管土豆价格上涨,其需求反而增加。

2. 炫耀性商品

炫耀性商品是指某些价格昂贵、能够炫耀消费者地位和财富的商品,如名贵首饰、豪华汽车、高档手表、古董名画等。这类商品只有在高价时才能显示购买者的社会地位。商品价格越高,其炫耀作用越大,需求量越大。这类商品降价后或大众化后,其炫耀作用减弱,需求量就会下降。在某些时候,人们购买一种商品,考虑的并不完全是它的实际用途,而是希望通过这件商品显示自己的财富、地位或者其他方面,所以,有些商品往往是越贵越有人追捧。随着社会经济的发展,人们对炫耀性商品的消费会随着收入的增加而增加。

3. 投机性商品

投机性商品是指商品的价格发生变动时,需求呈不规则变化,并且需求与人们对未来价格的预期和投机的需要相关的商品。例如,股票、债券、黄金、邮票等商品的需求受人们心理预期影响较大,有时会出现低价时抛出、高价时买进的违反需求规律的情况。

三、需求量变动与需求变动

需求量是指在某一特定的价格水平下,消费者愿意并且能够购买的商品数量。例如,当草莓的价格为20元/千克时,消费者购买80千克,这80千克就是草莓单价为20元时的需求量。在需求曲线上,需求量是需求曲线上的一点。

需求是指在不同价格水平时,不同需求量的总称。例如,当草莓的价格为20元/千克时,消费者购买80千克;当草莓的价格为30元/千克时,消费者购买60千克;当草莓的价格为40元/千克时,消费者购买40千克;等等。这种在不同价格时所对应的不同需求量称为需求。在需求曲线中,需求是指整条需求曲线。

1. 需求量变动

在其他条件不变的情况下,我们将由商品本身的价格变动引起的商品需求量的变化称为需求量变动,它表现为在一条既定的需求曲线上点的位置的移动。

需求量变动等于从同一条需求曲线上的一点移动到另一点。

图 2-2(a)反映了需求量的变动:当某种商品的价格为 P_1 时,其需求量为 Q_1,当价格由 P_1 下降到 P_2 时,其需求量由 Q_1 增加到 Q_2,在需求曲线上表现为从 a 点移动到点 b。需求曲线上的点向左上方移动代表需求量减少,向右下方移动代表需求量增加。

需要指出的是,这种变动虽然表示需求量的变化,但是并不表示整个需求情况的变化,因为这些变动的点都在同一条需求曲线上。

2. 需求变动

需求变动是指在商品本身价格不变的情况下,由其他因素的变动引起的需求数量的变动。需求变动表现为整条需求曲线的平移。

如在图 2-2(b)中,当消费者收入增加时,相同价格水平下商品的需求会增加,需求曲线向右移动,即由 D_1 平移到 D_2。反之,当消费者收入减少时,相同价格水平下商品的需求会减少,需求曲线向左移动,即由 D_1 平移到 D_3。由此可见,需求变动会使需求曲线的位置发生移动,需求增加需求曲线向右平移,需求减少需求曲线向左平移。

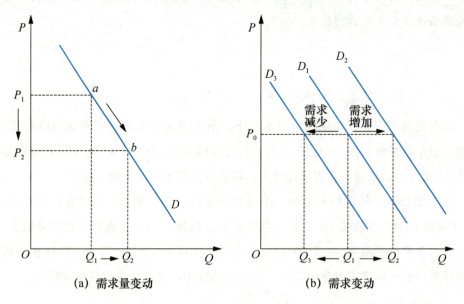

(a) 需求量变动　　　　　　(b) 需求变动

图 2-2　需求量变动和需求变动

课堂讨论

当发生以下情况时,学校附近的沙县云吞的需求或需求量会发生怎样的变化?沙县云吞的需求曲线会如何移动?

(1) 沙县云吞的价格上涨;

(2) 食堂饭菜的价格大幅度上涨;

(3) 学生每月的生活费普遍降低;

(4) 美团外卖的食品价格降低;

(5) 预期未来沙县云吞的价格会提高30%。

 笔记:

_____

_____

_____

提示:

(1) 沙县云吞的价格上涨,沙县云吞的需求会减少,表现为在一条既定的需求曲线上点的位置向左上方移动。

(2) 食堂饭菜的价格上涨,即替代品价格上涨,沙县云吞的需求会增加,表现为整条需求曲线向右移动。

(3) 学生每月的生活费降低,即收入减少,沙县云吞的需求会减少,表现为整条需求曲线向左移动。

(4) 美团外卖的食品降价,即替代品价格下降,沙县云吞的需求会减少,表现为整条需求曲线向左移动。

(5) 预期未来沙县云吞的价格上涨,沙县云吞的需求会增加,表现为整条需求曲线向右移动。

第二节 供 给

市场是由需求与供给构成的。需求构成市场的买方,供给构成市场的卖方,需求与供给一起构成经济学分析的前提。现在我们转向市场的另一方,考察卖方的行为。

一、供给及其影响因素

1. 供给

供给(Supply)是指厂商在某一时期内、在不同价格水平下愿意而且能够供应的商品量。

与需求是购买能力与购买欲望的统一类似,厂商的供给是供给欲望与供给能力的统一。所以,在理解这个概念时也要注意两个方面:一是供给欲望,二是供给能力。也就是说,供给是厂商根据自身的供给欲望和供给能力计划提供的商品量。若厂商对某种商品只有供给欲望,而没有供给能力,则不能形成有效供给,也不能当作供给。

在理解供给时还必须注意以下两点:

(1) 供给与供给量的差距。供给量是指在某一特定价格水平时,厂商愿意或计划供给的商品量,即每个供给量都是和特定的价格水平相对应的。

(2) 供给也分为个别供给与市场供给。个别供给是指单个厂商对某种商品的供给,市场供给是指全体厂商对某种商品的供给。市场供给是所有个别供给的总和。

2. 影响供给的因素

在微观经济学中,一般假设厂商的目标是利润最大化,即厂商供给多少取决于这些供给能否给其带来最大的利润。在这一假设下,如果让你管理一家种植并销售草莓的企业,哪些因素会影响你的企业生产和销售草莓呢?

(1) 商品自身的价格

商品自身的价格是决定供给量的关键因素。一般情况下,根据供给规律,在其他因素(生产要素的价格、相关商品的价格、生产技术水平、生产者预期)不变时,某商品的供给量与其价格呈同方向变动,即一种商品的价格越高,厂商愿意提供该商品的数量越多；相反，价格越低，厂商愿意提供该商品的数量越少。这就是供给规律。

例如，当草莓的价格升高时，种植和销售草莓可以获得更多的利润，厂商希望能增加供应量，愿意增加种植面积，并雇用更多的工人来种植和销售草莓；当草莓的价格降低时，出售草莓可能无利可图甚至还会亏损，厂商就会减少供给，即减少种植数量，甚至不种植。

（2）生产要素的价格

生产过程就是投入、产出的过程，生产要素的价格直接影响商品的生产成本。生产要素价格上升，厂商利润减少，供给也会减少；反之，则供给增加。

例如，为了种植草莓，厂商要投入各种生产要素，如化肥、拖拉机、人工以及存储草莓的设备等。如果草莓的市场价格稳定，而生产要素的价格上升，则利润一定会减少，这将降低厂商种植草莓的积极性，减少草莓的供给量；反之，厂商会增加草莓的供给量。

（3）相关商品的价格

当一种商品的价格保持不变，而与它相关的其他商品的价格发生变化时，也会引起该商品的供给量发生变化。

假定草莓和蓝莓互为替代品，如果草莓的价格不变，而草莓的替代品蓝莓的价格上涨，那么厂商就会把种植草莓的土地改成种植蓝莓，即少种植草莓而多种植蓝莓，于是草莓的供给量就减少了。

（4）生产技术水平

技术进步可以大大提高生产效率，使厂商在同样的资源条件下生产出更多的产品，从而增加供给。

如果科学家成功培育出一种杂交草莓，它能使草莓的亩产量提高30％，这无疑将大大增加草莓的供给。

（5）生产者预期

如果生产者对未来的经济持乐观态度，则会增加供给；如果生产者对未来的经济持悲观态度，则会减少供给。

例如，若厂商预期草莓的价格在未来会大幅上涨，就会增加草莓的种植；若厂商预期草莓的价格在未来会大幅下降，则会减少草莓的种植。

课堂讨论

(一)资料

表2-3列出了影响供给的一些因素。

表2-3 影响供给的因素

序号	影响供给的因素变化	供给的变化(增加或减少)
1	商品自身的价格下降	
2	生产要素的价格上升	
3	相关商品的价格下降	
4	淘汰落后技术	
5	预期未来商品的价格会上升	

(二)要求

请在表2-3第三列填入增加(↑)、减少(↓)或不变(—)的符号。

笔记:

3. 供给表与供给曲线

我们仍用草莓的例子来表述"供给"这个概念。例如,在某水果市场上,当草莓的价格为10元/千克时,其供给量为20千克;当价格为20元/千克时,其供给量为40千克;当价格为30元/千克时,其供给量为60千克;当价格为40元/千克时,其供给量为80千克;当价格为50元/千克时,其供给量为100千克;等等。根据这些数字,我们可以编制出一张供给表(如表2-4所示)。这份供给表表明了某种商品(草莓)的价格和供给量之间的关系。

表 2-4　供给表

价格-供给量组合	价格/（元/千克）	供给量/千克
a	10	20
b	20	40
c	30	60
d	40	80
e	50	100

根据表 2-4，我们可以画出供给曲线（如图 2-3 所示）。

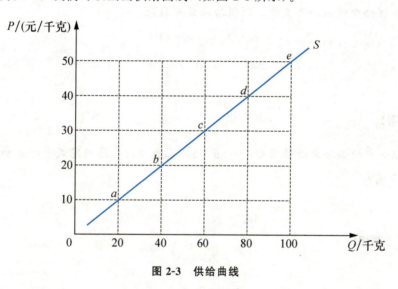

图 2-3　供给曲线

在图 2-3 中，横轴代表果农对草莓的供给量（Q），纵轴代表草莓的价格（P），S 即为供给曲线。供给曲线是根据供给表画出的，是用来表示某种商品的价格与其供给量之间关系的曲线，它向右上方倾斜。

> **扩展阅读 2-4**
>
> ## 供 给 函 数
>
> 通过对影响供给的因素进行分析，我们可以将某种商品的供给量与其影响因素之间的关系用函数形式表示出来，这个函数就是供给函数。如果将各影响供给量的因素作为自变量，将供给量作为因变量，则供给函数可表示为：

$$Q_S = f(a, b, c, d, \cdots)$$

式中，Q_S 代表某种商品的供给量；$a, b, c, d, \cdots$ 代表影响这种商品供给量的因素。

在进行经济分析时，通常假设其他因素不变，只分析商品的供给量与该商品价格之间的关系，此时供给函数可表示为：

$$Q_S = f(P) \quad (P \text{ 表示商品价格})$$

这个公式表明了某种商品的供给量 Q 是其价格 P 的函数。供给函数可以用代数表达法、表格或曲线来表示。

若供给曲线为一条直线，则供给函数可写为：

$$Q_S = -a + bP$$

思考：

图 2-3 中的供给曲线若用 $Q_S = -a + bP$ 来表示，你能确定式中的 a 和 b 的值分别为多少吗？

笔记：

提示：

$a = 0$，$b = 2$，$Q_S = 2P$

（注：这是一个简化的例子，a 一般不会等于 0）

二、供给规律

从供给表（表 2-4）和供给曲线（图 2-3）中可以看出，某种商品的供给量与其价格是呈同方向变动的，这种现象被称为供给规律。供给规律的基本内容是：在其他条件不变的情况下，一种商品的供给量与其价格之间呈同方向变动，即供给量随着商品自身价格的上升而增加，随着商品自身价格的下降而减少。

在理解供给规律时，同样要注意"在其他条件不变的情况下"这个假设前提。也就是说，供给规律是在假定影响供给的其他因素不变的前提下，研究商品本身价格与其供给量之间关系的。离开了这一前提，供给规律就无法成立。例如，当技术进步时，即使某种商品的价格下降，其供给量也会增加。

扩展阅读 2-5

供给规律的例外

供给规律是一般商品在一般情况下的规律，对于某些特殊商品来说，供给规律也有例外。

例如，当工资（劳动力的价格）增加时，劳动力的供给开始随工资的增加而增加，但当工资增加到一定程度后，如果工资继续增加，劳动力的供给反而减少。这是因为，当劳动者的生活水平达到一定程度后，他就不一定愿意加班，而是希望休息、放松和娱乐。如果将劳动力与工资的关系也绘成曲线，则可以看到它的形状与普通供给曲线不同，劳动力的供给曲线如图2-4所示。其中，W代表劳动力价格（工资），L代表劳动力的供给量，S代表供给曲线。

而像土地、古董、名贵邮票等，它们的供给量是固定的，无论价格如何上涨，其供给量也无法增加。此外，像证券、黄金等，由于受各种环境和条件的影响，其供给量可能呈不规则的变化。

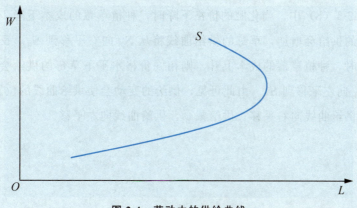

图2-4 劳动力的供给曲线

三、供给量变动与供给变动

供给量是指在某一特定的价格水平下,厂商愿意提供的商品量。例如,当草莓的价格为 40 元/千克时,厂商的供给量为 80 千克,这 80 千克就是草莓的单价为 40 元时的供给量。在供给曲线上,供给量就是供给曲线上的一个点。

供给是指在不同价格水平时,不同供给量的总称。例如:当草莓的价格为 20 元/千克时,厂商的供给量为 40 千克;当草莓的价格为 30 元/千克时,厂商的供给量为 60 千克;当草莓的价格为 50 元/千克时,厂商的供给量为 100 千克;等等。这种不同价格时所对应的不同供给量称为供给,在供给曲线中,供给是指整条供给曲线。

1. 供给量变动

我们将其他条件不变时由商品自身价格变动引起的供给量的变化称为供给量变动。供给量变动表现为在一条既定的供给曲线上点的位置移动。

供给量变动就是在同一条供给曲线上供给量从一点移动到另一点。图 2-5(a)反映了供给量的变动:当某种商品的价格为 P_1 时,其供给量为 Q_1;当价格由 P_1 上升到 P_2 时,供给量由 Q_1 增加到 Q_2,在供给曲线上表现为从 a 点移动到 b 点。供给曲线上的点向右上方移动时供给量增加,向左下方移动时供给量减少。

2. 供给变动

供给变动是指在商品自身价格不变的情况下,由其他因素变动所引起的供给量的变动,供给变动表现为整条供给曲线的平移。

如在图 2-5(b)中,当化肥的价格下降时,种植草莓的成本下降,则相同价格水平下草莓的供给会增加,草莓的供给曲线将从 S_1 向右平移到 S_2。反之,当化肥的价格上升时,种植草莓的成本上升,则相同价格水平下草莓的供给会减少,供给曲线将从 S_1 向左平移到 S_3。由此可见,供给的变动会使供给曲线的位置发生移动:供给增加,供给曲线向右平移;供给减少,供给曲线向左平移。

第二章 价格如何决定

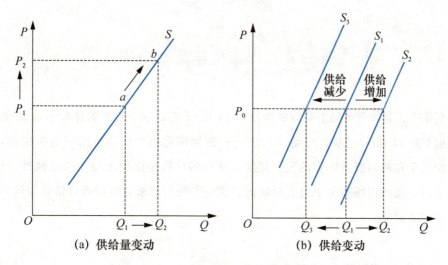

(a) 供给量变动　　　　　　(b) 供给变动

图 2-5　供给量变动和供给变动

 课堂讨论

当发生以下情况时，共享单车的供给或供给量会发生怎样的变化？供给曲线将如何移动？

(1) 共享单车的租金和押金价格上涨；

(2) 生产共享单车的原材料价格大幅度上涨；

(3) 共享单车企业预期未来共享单车的市场会增加。

 笔记：

_____

_____

_____

提示：

(1) 商品自身的价格上涨，供给会增加，表现为在一条既定的供给曲线上点的位置向上移动；

(2) 生产要素价格上升，供给会减少，表现为整条供给曲线向左移动；

(3) 生产者预期增加，供给会增加，表现为整条供给曲线向右移动。

第三节 均衡价格及其应用

假定今天某水果市场上草莓的价格是 14 元/千克，这个价格为什么不是 13 元/千克，也不是 11 元/千克呢？草莓 14 元/千克的价格是由种植草莓的厂商决定的，还是由购买草莓的消费者决定的呢？其实，草莓的价格是由需求与供给这两种力量共同决定的，是在市场竞争中自发形成的。这一节我们就来分析均衡价格是如何形成，又是如何变动的。

一、供求关系对价格的影响

需求与供给是市场中两种既相互依存又相互制约的力量，它们对市场价格的影响是不同的，主要有以下两种情况。

1. 供小于求，价格上升

一般而言，当一种商品的供给小于需求时，其价格就会上升。

在现实经济生活中，由某种商品短缺而导致其价格上涨有以下几种常见的情况：

（1）遇到水灾、旱灾等自然灾害。比如，一场特大洪水冲毁农田，严重影响农业生产，水稻产量锐减，市场上大米供应不足，就会导致大米价格上涨。

（2）政治动乱、社会灾难、流行性疾病暴发，都有可能导致某种物品供应不足，从而导致其价格发生变动，甚至导致其价格发生剧烈变动。例如，2020 年年初，突如其来的新冠疫情横扫世界各地，一时口罩供应极度紧缺，短期内口罩的价格翻了几倍甚至几十倍。后期口罩供应恢复正常后，口罩的价格又回落至正常水平。

（3）一种技术含量高、性能优越的新产品问世，受到市场的欢迎，但供货不足，此时，新产品的价格往往居高不下。价格高，产品受欢迎，厂商必定愿意增加产量，继续供给。例如，我国彩电市场、手机市场上高科技产品层出不穷，都曾先后出现过以上情况。

2. 供大于求，价格下降

一般而言，当一种商品的供给大于需求时，其价格就会下降。

在现实经济生活中，由某种商品过剩而导致其价格下降有以下几种常见的情况：

（1）一种刚问世的新产品往往包含更多的高科技，或其性能、质量等更具有竞争力，它就会冲击和影响原有的产品，使原有产品市场需求减少，产品积压，库存增多。例如，随着手机市场的扩展，曾经风靡一时的BP机（无线寻呼机）市场日益萎缩，产品过剩，价格下跌，直至退出市场；曾深受大家喜爱的"小灵通"也在2009年开始退市，完成了自己的历史使命。

（2）从19世纪初开始，每隔若干年，主要资本主义国家就要爆发一次经济危机。经济危机是指资本主义在经济发展过程中周期性爆发的生产过剩的危机。在经济危机爆发时，产品大量积压，大批工厂减产或停工，金融企业不断倒闭，失业人口剧增，商品价格下跌，大批商品被销毁，整个社会经济生活一片混乱。这种现象是生产过剩在社会经济生活各个方面的表现。

（3）遇到风调雨顺的好年景，农业获得大丰收，也往往出现农产品过剩、价格下跌的现象。这就是经济学中所谓的"丰收悖论"，丰产不丰收。

二、均衡价格的形成

1. 均衡价格的含义

在经济学中，均衡是指经济中各种对立的、变动着的力量处于一种力量相当、相对静止、不再变动的状态。均衡最直观的例子就是我们经常看到的拔河比赛不分胜负的状况。均衡是经济学中非常重要和广泛应用的概念。

均衡价格是指一种商品的需求量与供给量相等时的价格。这时该商品的需求量与供给量相等，称为均衡数量，该商品的需求价格与供给价格也相等。

如图2-6所示，需求曲线D与供给曲线S相交于E。需求与供给在E点就实现了均衡，E点所对应的价格P_E即为均衡价格，E点所对应的产量Q_E即为均衡数量。

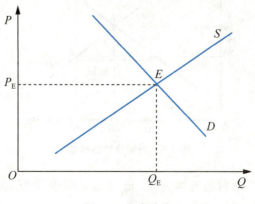

图2-6　均衡价格

2. 均衡价格的形成

均衡价格是在市场上供求双方的竞争过程中自发形成的,是由市场上不停变化着的供求关系决定的。均衡价格的形成就是价格决定的过程。

我们可以用表 2-5 来说明均衡价格的形成过程。假定市场上有一个草莓销售者,他先报出草莓的价格为 40 元/千克,这时需求量为 40 千克,而供给量为 80 千克,供给量大于需求量,草莓卖不出去,必然降价。他再报出草莓的价格为 20 元/千克,这时需求量为 80 千克,而供给量只有 40 千克,需求量大于供给量,必然提价。这位草莓销售者经多次报价之后,最终报出 30 元/千克,这时需求量为 60 千克,供给量也是 60 千克,供求相等,于是就得出均衡价格为 30 元/千克,均衡数量为 60 千克。这时的价格是供求双方都可以接受的价格,也就是均衡价格。

表 2-5 均衡价格的形成

价格/(元/千克)	需求量/千克	供给量/千克	价格变动趋势
10	100	20	向上
20	80	40	
30	60	60	均衡
40	40	80	向下
50	20	100	

我们还可以通过图 2-7 来说明均衡价格的形成过程。

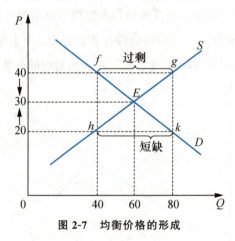

图 2-7 均衡价格的形成

在图 2-7 中,如果草莓的价格为 40 元/千克,需求量为 40 千克,供给量为 80 千克,供给量大于需求量(图中的 $f-g$ 过剩部分),草莓的价格必然按箭头所示的方向向下移动。如果价格为 20 元/千克，则需求量为 80 千克，供给量为 40 千克，供给量小于需求量（图中的 $h-k$ 短缺部分），价格必然按箭头所示的方向向上移动。这种一涨一跌的现象会一直持续下去，直至最终达到 30 元/千克时为止。因为此时供给量与需求量相等，达到了均衡状态。这样，30 元/千克就是均衡价格。

扩展阅读 2-6

用数学方法求均衡价格

我们可以用数学方程式来表示均衡价格的决定。

根据扩展阅读 2-2 及扩展阅读 2-4，草莓的需求与供给的函数式分别为：

$$Q_D = 120 - 2P$$
$$Q_S = 2P$$

 思考：

根据上面的式子，如何计算均衡价格和均衡数量？

 笔记：

_____

_____

_____

扩展阅读 2-7

鸡蛋价格暴跌暴涨 "催泪蛋"变身"火箭蛋"

2017 年上半年，受供过于求的影响，全国鸡蛋市场上演了罕见的"过山车"式行情。鸡蛋价格从年初就一路走低，最低时跌至 2 元/斤左右，创下了十年来的蛋价最低纪录。

> 山东作为全国养鸡第一大省,上半年当地鸡蛋零售价格持续低迷,而人工与饲料成本却是不断攀升,一斤鸡蛋的成本在3元左右,蛋价最低时一斤鸡蛋就亏损一块钱。鸡蛋俨然成了养殖户的"催泪蛋",经不起巨额亏损的养殖户纷纷改做他行。
>
> 可随着弃养的养殖户越来越多,鸡蛋供给大幅减少,鸡蛋价格从6月开始悄然回升。其中,河南郑州地区鸡蛋收购价格从6月1日的1.91元/斤涨至6月20日的2.88元/斤。7月底8月初,全国各地鸡蛋价格普遍重回4元/斤的时代。到了9月,全国许多城市鸡蛋价格已突破5元/斤大关。鸡蛋价格从2元/斤到5元/斤,仅仅用了3个月时间。
>
> 从鸡蛋价格的暴跌、暴涨中我们可以看到,商品的价格受市场供求关系的影响,有时甚至会出现价格背离价值的现象。价格调节供求,市场竞争的最终结果将使得鸡蛋价格更加合理化,供求更加趋于平衡。

三、需求和供给的变动对均衡价格的影响

均衡价格和均衡数量取决于供给与需求,供给和需求变动了,均衡点也将随之改变,从而产生新的均衡。下面我们来分析供给与需求的变动对均衡价格的影响。

1. 供给不变,需求变动对均衡价格的影响

需求变动是指在商品自身价格不变的情况下,影响需求的其他因素的变动所引起的商品需求量的变动,这种变动在图形上表现为需求曲线的平移。需求变动分为需求增加与需求减少两种情况。

(1) 需求增加的情况

假设有科学研究证明多吃草莓能使人体内的营养更加均衡,这项研究将如何影响草莓市场呢?如图 2-8 所示,由于多吃草莓能使人体内的营养更加均衡,刺激了消费者购买更多草莓的愿望,引起草莓的需求增加,所以需求曲线 D_0 右移到 D_1,原来的均衡点 E_0 就移到了新的均衡点 E_1,这时均衡价格上升($P_1 > P_0$),均衡数量增加($Q_1 > Q_0$)。这表明,由于需求的增加,均衡价格上升了,均衡数量也增加了。

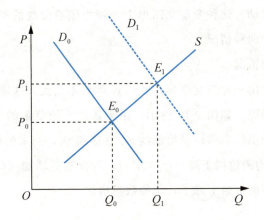

图 2-8 需求增加对均衡价格的影响

（2）需求减少的情况

假设有权威专家认为，吃草莓对人体的健康可能有负面影响，这将导致消费者对草莓的需求减少。如图 2-9 所示，需求曲线 D_0 会向左移到 D_1，均衡点将从 E_0 移至 E_1，这时均衡价格下降（$P_1 < P_0$），均衡数量减少（$Q_1 < Q_0$）。这表明，由于需求的减少，均衡价格下降了，均衡数量也减少了。

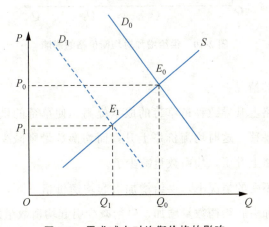

图 2-9 需求减少对均衡价格的影响

所以，在供给不变的情况下，需求增加引起均衡价格上升，需求减少引起均衡价格下降；需求增加引起均衡数量增加，需求减少引起均衡数量减少。

2．需求不变，供给变动对均衡价格的影响

供给变动是指在商品自身价格不变的情况下，影响供给的其他因素的变动所引起的商品供给量的变动。这种变动在图形上表现为供给曲线的平移。供给变动分为供给增加和供给减少两种情况。

(1) 供给增加的情况

假设科学家培育出一种杂交草莓，长得像苹果那么大，这项新技术将如何影响草莓所在的水果市场呢？如图 2-10 所示，由于新技术使草莓的生产能力大大提高，这无疑将增加草莓的供给，所以供给曲线 S_0 右移到 S_1，原来的均衡点 E_0 就移到了新均衡点 E_1，这时均衡价格下降（$P_1 < P_0$），均衡数量增加（$Q_1 > Q_0$）。这表明，由于供给的增加，均衡价格下降了，均衡数量增加了。

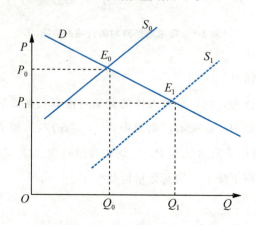

图 2-10 供给增加对均衡价格的影响

(2) 供给减少的情况

假设化肥的价格上升导致种植草莓的成本提高，使草莓的供给减少，进而使草莓的供给曲线向左平移，这时均衡价格上升，而均衡数量则减少。这表明，由于供给的减少，均衡价格上升了，均衡数量减少了。

所以，在需求不变的情况下，供给增加引起均衡价格下降，供给减少引起均衡价格上升；供给增加引起均衡数量增加，供给减少引起均衡数量的减少。

综合以上两种情况，需求、供给的变动对均衡价格和均衡于数量的影响如表 2-6 所示。

表 2-6 需求、供给的变动对均衡价格和均衡数量的影响

需　求	供　给	均衡价格	均衡数量
↑	—	↑	↑
↓	—	↓	↓
—	↑	↓	↑
—	↓	↑	↓

注：↑和↓分别表示增加和减少，—表示不变。

 课堂讨论

需求与供给同时变动对均衡价格有哪些影响？

（一）资料

需求、供给的变动对均衡价格的影响还有第三种情况，即需求和供给同时变动对均衡价格的影响。这里又具体分为四种情况：

(1) 供给增加，需求增加；

(2) 供给增加，需求减少；

(3) 供给减少，需求减少；

(4) 供给减少，需求增加。

（二）讨论

假设"多吃草莓能使人体内的营养更加均衡"的科学发现和能使草莓大得像苹果的新培育技术同时公之于众，那将对草莓所在水果市场的均衡产生何种影响呢？请画图说明上述情况的发生会引起均衡价格什么样的变动。

笔记：

3. 供求规律

从以上关于需求和供给的变动对均衡价格的影响的分析可以得出以下结论：

(1)需求的增加引起均衡价格上升,需求的减少引起均衡价格下降;

(2)需求的增加引起均衡数量增加,需求的减少引起均衡数量减少;

(3)供给的增加引起均衡价格下降,供给的减少引起均衡价格上升;

(4)供给的增加引起均衡数量增加,供给的减少引起均衡数量减少。

也就是说:均衡价格和均衡数量与需求呈同方向变动的关系;均衡价格与供给呈反方向变动的关系,而均衡数量与供给呈同方向变动的关系。

这就是经济学中的供求规律。供求规律是我们分析经济现象的重要工具。这个工具看起来简单,但能说明许多问题。

扩展阅读 2-8

分析需求变动与供给变动的步骤

在分析某个事件如何影响一个市场时,一般按以下三个步骤来进行:首先,确定该事件会使供给曲线移动,还是会使需求曲线移动,抑或是在一些情况下会使两种曲线都移动;其次,确定曲线是向右移动,还是向左移动;最后,用需求曲线和供给曲线图来分析这种移动将如何影响均衡价格和均衡数量。

思考:

请根据分析需求变动与供给变动的三个步骤来讨论以下事件对均衡价格、均衡数量的影响,以及它们涉及的是"需求变动"还是"需求量变动":

(1)天气炎热对西瓜市场的影响;

(2)"洪水使种植的西瓜全部受灾"这件事情对西瓜市场的影响;

(3)天气炎热和"洪水使种植的西瓜全部受灾"同时发生对西瓜市场的影响。

笔记:

四、均衡价格的应用

1. 支持价格

支持价格又称最低限价,是政府为了支持某一行业(通常是农业)的生产,对该行业产品规定的高于均衡价格的最低价格。图 2-11 所示为政府对某种产品实行支持价格的情形。开始时的市场均衡价格为 P_0,均衡数量为 Q_0。政府实行支持价格 P_1($P_1 > P_0$)后,需求量为 Q_A,供给量为 Q_B,供给量大于需求量($Q_B > Q_A$),市场上出现产品过剩的情况。为了维持最低限价,政府通常采取两种措施来维持市场的正常运行:一是由政府按 P_1 的价格收购剩余产品,二是限制生产(补贴限产)。

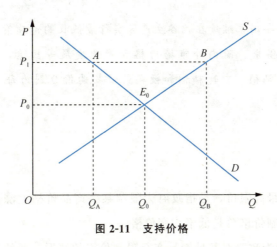

图 2-11 支持价格

就农产品支持价格而言,由于农产品生产具有周期性特点,如果发生自然灾害等,农业发展与农民的收入都很容易受到影响。通过对不同农产品实行不同的支持价格,有利于农业发展更好地适应市场需求的变动,使农民的收入得到有效保障。但这也会出现农产品过剩的问题,不利于农业结构调整,而且过剩的农产品需由政府收购,会加重政府财政负担。

长期以来,美国等发达国家对农产品实行支持价格,使他们的农产品在国际市场上更具竞争力。我国现在实行的粮食最低收购价格也是一种支持价格。

> **扩展阅读 2-9**
>
> **最低收购价政策守护粮食安全**
>
> 党的二十大报告提出："全方位夯实粮食安全根基""确保中国人的饭碗牢牢端在自己手中"。农民是粮食生产主力军，确保农民种粮不亏本、有钱赚，才能调动农民种粮积极性。历史上，"谷贱伤农"现象反复上演，导致粮食生产波动起伏，影响国家粮食安全。小麦和水稻是我国两大口粮，二者能否丰收，直接关系中国饭碗端得稳不稳。我国实施的小麦和水稻最低收购价政策是保护农民利益、稳定农民种粮预期，确保稳产增产，维护国家粮食安全的重要制度安排。
>
> 例如，2023年国家继续在稻谷主产区实行最低收购价政策。综合考虑粮食生产成本、市场供求、国内外市场价格和产业发展等因素，经国务院批准，2023年生产的早籼稻、中晚籼稻和粳稻最低收购价分别为每50公斤126元、129元和131元。

2. 限制价格

限制价格又称最高限价，是指政府为限制某些产品价格上涨，而对这些产品规定的最高价格。限制价格总是低于均衡价格。

如图 2-12 所示为政府对某种产品实行限制价格的情形。开始时的市场均衡价格为 P_0，均衡数量为 Q_0。政府实行限制价格 P_1（$P_1<P_0$）后，需求量为 Q_B，供给量为 Q_A，需求量大于供给量（$Q_B>Q_A$），市场上出现产品供不应求，即产品短缺的情况。

限制价格政策一般是在通货膨胀较严重、战争或自然灾害等特殊时期应急使用。例如，我国在计划经济时期，对很多生活必需品都实行限制价格，小到柴、米、油、盐，大到住房，都有补贴。限制价格有利于社会平等的实现，有利于社会的安定。但这种政策不利于刺激生产，从而使产品长期处于短缺状态；同时，由于价格低，不利于抑制需求，有时又会在资源缺乏的同时造成不同程度的浪费，使本来就短缺的商品更加短缺。因此，限制价格一般是在特殊情况下才采用。

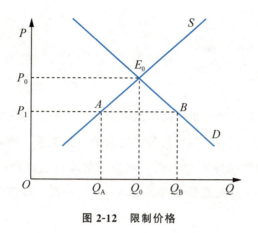

图 2-12 限制价格

课堂讨论

（一）资料

特殊时期，口罩限价合理吗？

2020年，当新冠疫情在全球蔓延时，世界各国相继出现"口罩荒"。为保障口罩供给，各国纷纷出台紧急措施。在我国，一方面加大供给，各地生产单位开足马力，满负荷生产，口罩供给量迅速增加。另一方面，各地政府严厉打击囤积居奇、哄抬物价的违法行为。例如，湖北省某市市场监督管理局发布《关于口罩、消毒液、酒精实行定点限量限价销售的通告》，其中，口罩实行限量限价销售，统一售价0.9元/个，每人每天凭身份证限购10个，不得代购。另一个城市一药房因涉嫌哄抬物价，将进价0.6元/只的一次性口罩按1元/只销售，被市场监督管理局没收违法所得1万余元，并罚款人民币4万余元。

（二）讨论

如何看待政府在特殊时期对口罩采取的限购限价措施？

笔记：

第四节　需求价格弹性及其应用

以上我们从定性的角度分析了商品的需求和供给与价格之间的变动关系，但在现实中，我们还要关注需求、供给与价格之间的数量关系。例如，你经营了一家企业，当你决定将某种产品降价 20% 时，你应了解降价后该产品的需求量会增加多少。为了考察需求和供给对其影响因素变动的反应程度，经济学引出了"弹性"的概念。

弹性原本是物理学名词，是指一种物体对外部力量的反应程度。在经济学中，弹性是指当经济变量之间存在函数关系时，因变量对自变量变化的反应程度。弹性的大小可用弹性系数 E 来表示，其公式为：

$$E = \frac{因变量变动的比例}{自变量变动的比例}$$

弹性有很多种类，一般分为需求弹性和供给弹性。需求弹性又可分为需求价格弹性、需求交叉弹性、需求收入弹性。本节重点介绍需求价格弹性。本章后面的知识链接 2-1 将简要介绍供给价格弹性。

一、需求价格弹性

1. 需求价格弹性的含义与计算公式

需求价格弹性是指商品价格变动所引起的商品需求量变动的比例，它反映商品需求对商品价格变动反应的敏感程度。它的大小可用弹性系数来表示。需求价格弹性系数（E_d）等于需求量变动的比例与价格变动的比例的比值，即：

$$E_d = \frac{需求量变动的比例}{价格变动的比例} = \frac{\frac{\Delta Q}{Q}}{\frac{\Delta P}{P}} = \frac{\frac{Q_2 - Q_1}{Q_1}}{\frac{P_2 - P_1}{P_1}}$$

式中，E_d 为需求价格弹性系数，ΔQ 为需求变动量，Q 为原需求量，ΔP 为价格变动量，P 为原价格。

假定草莓的价格从 16 元下降到 8 元，相应地，需求量从 10 个单位增加到 30 个单位，这时需求价格弹性系数为：

$$E_d = \frac{\frac{\Delta Q}{Q}}{\frac{\Delta P}{P}} = \frac{\frac{30-10}{10}}{\frac{8-16}{16}} = -4$$

E_d 为负值表示价格与需求量呈反方向变动。在现实中,为方便起见,一般将负号省略,取其绝对值。这里,E_d 的绝对值为4,其含义是:价格每下降1%,会引起需求量上升4%;或是价格每上升1%,会引起需求量下降4%。

2. 需求价格弹性的分类

不同商品的需求价格弹性是有差异的。例如,生活必需品的需求量通常对价格变动的反应程度微小,而奢侈品的需求量对价格的变动则很敏感。根据需求价格弹性的大小,可将商品分为五类,每类商品的需求量随商品价格变动的情况如表2-7所示。

表2-7 不同商品需求价格弹性分类表

需求价格弹性的类型	含义	实例	数值	图形
需求富有弹性	需求量变化的幅度大于价格变化的幅度	手机话费、汽车、珠宝、旅游	$E_d > 1$	
需求缺乏弹性	需求量变化的幅度小于价格变化的幅度	石油、食物、衣服、农产品、住房	$E_d < 1$	
需求单位弹性	需求量变化的幅度等于价格变化的幅度	报纸	$E_d = 1$	
需求完全无弹性	无论价格如何变化,需求量都不变	胰岛素、丧葬用品、自来水	$E_d = 0$	
需求完全有弹性	当价格为既定时,需求量无限	黄金	$E_d \to \infty$	

(1)需求富有弹性

需求富有弹性的商品,$E_d > 1$,其需求曲线是一条向右下略微倾斜的线,比较平坦,表示需求量变化的幅度大于价格变化的幅度,如价格变动10%,需求量变动

30%。例如,关于手机话费,几乎所有的运营商都采用非常接近的价格标准。因为假如其中一家运营商提价,它的客户就会转向其他话费相对便宜的运营商。汽车、珠宝、旅游等都属于需求富有弹性的商品。

(2) 需求缺乏弹性

需求缺乏弹性的商品,$E_d<1$,其需求曲线是一条比较陡峭的线,表示需求量变化的幅度小于价格变化的幅度。例如,石油输出国组织(OPEC)自 1960 年成立以来,一直限制石油供应,导致 1973—1974 年石油的价格上涨了 4 倍。由于石油需求弹性很小,此次涨价导致消费者支出增加,生产者收入增加。一般认为,生活必需品(如食物、衣服、农产品、住房等)属于需求缺乏弹性的商品。

(3) 需求单位弹性

需求单位弹性的商品,$E_d=1$,其需求曲线是一条正双曲线,表示需求量变化的幅度等于价格变化的幅度,如价格变动 10%,需求量也变动 10%。在现实生活中,很难找到弹性系数恰好等于 1 的商品。过去,有学者把报纸视为需求单位弹性的商品。

(4) 需求完全无弹性

需求完全无弹性的商品,$E_d=0$,其需求曲线是一条与横轴垂直的线,表示无论价格如何变动,需求量都不改变。例如,像胰岛素这类特殊的药品,由于对于糖尿病患者至关重要,因此无论价格如何上涨或下跌,需要它的人一般都不会改变购买量。此外,丧葬用品、自来水等,可近似地看作是完全无弹性的商品。

(5) 需求完全有弹性

需求完全有弹性的商品,$E_d \to \infty$,其需求曲线是一条与横轴平行的线,表示价格既定时,需求量是无限的,或者说对于价格的微小变动,需求量出现了无限大的反应。例如,银行以一个固定价格收购黄金,不论有多少黄金都按此价格收购,则银行对黄金的需求是无限的。此外,战争时期对常规军用物资等的需求也可视作是无限的。

严格地说,需求单位弹性、需求完全无弹性和需求完全有弹性这三种类型都是理论上的假设,在现实生活中是非常罕见的。在现实生活中,绝大多数商品的需求价格弹性属于需求富有弹性和需求缺乏弹性这两种类型。

> **扩展阅读 2-10**
>
> ### 为什么钻石总比水值钱
>
> 在经济学史上,"钻石和水"的例子非常著名,它曾在相当长的一段时间内困扰着经济学界。物品之所以成为商品,并不是它自身具有多大的价值,而主要在于它是否有一定的需求与供给。
>
> 商品价格是由需求与供给两个方面来共同决定的。尽管水的需求是巨大的,而且是必需的,但是,因为水的供给也很巨大,只要其生产者具备一定的技术与资金,就可以向市场供水。如此一来,较小的需求价格弹性与较大的供给价格弹性,二者共同作用的结果就是水的市场价格非常便宜。
>
> 而钻石作为一种奢侈品,由于它对人们而言是可有可无的,因此其需求价格弹性非常大,即人们对价格十分敏感。价格略微提高一点,人们也许就会放弃这种需求。同时,由于钻石在地球上的储藏量少以及开采难度大,其供给也相对有限,因此其供给价格弹性非常小。极大的需求价格弹性与极小的供给价格弹性共同作用,就促使钻石的市场价格非常昂贵。

二、影响需求价格弹性的因素

商品的需求价格弹性存在着差异,特别是消费品。对商品的需求价格弹性,人们做了大量的测算工作。人们测算的若干商品的需求价格弹性系数如表2-8所示。

表 2-8 人们测算的若干商品的需求价格弹性系数

商　品	需求价格弹性系数
居民用电	0.13
客车旅行	0.20
医疗保险	0.31
香烟	0.51
鞋	0.70
电影	0.87
家具	1.0

续表

商　品	需求价格弹性系数
出租车服务	1.2
青豆	2.8
西红柿	4.6

不同商品的需求价格弹性不同。影响需求价格弹性的主要因素有以下几种：

1. 消费者对商品的需求程度

一般而言，消费者对生活必需品的需求强度大，因此，生活必需品的需求量受价格变动的影响较小，即需求价格弹性小。例如，食物、日用家电、医疗服务等生活必需品的需求价格弹性就小。

而消费者对奢侈品的需求强度小，因此，奢侈品的需求量受价格变化的影响较大，即需求价格弹性大。例如，出国度假旅行、新款高档轿车、贵重首饰、豪宅等奢侈品，基本上属于"锦上添花"的商品，因此，其需求价格弹性较大。

2. 商品的可替代程度

一般而言，某种商品的可替代品越多，其可替代程度就越高，其需求价格弹性就越大；反之，需求价格弹性就越小。这是因为，当这类商品的价格上升时，消费者会购买其替代品，而当这类商品价格下降时，消费者会多购买该商品从而取代其替代品。例如，在水果市场，由于相近的替代品较多，草莓的需求弹性就比较大；因为食盐没有很好的替代品，食盐价格的变化所引起的其需求量的变化几乎为零，所以食盐的需求价格弹性很小。

3. 购买商品所需费用在家庭支出中所占的比例

如果购买商品所需费用占消费者收入的比重小，那么这类商品价格的变动对其需求量的影响就小，这类商品的需求价格弹性就小，如毛巾、香皂、牙膏之类的商品；如果购买商品所需费用占消费者收入比重较大，这类商品的价格变动对其需求量的影响就大，这类商品的需求价格弹性就大，如住房、汽车、珠宝之类的商品。

三、需求价格弹性的应用

分析需求价格弹性，不仅有利于消费者了解需求量与价格变化之间的规律，而且有利于企业根据这些规律来确定商品的销售价格、销售策略，从而促进经济的发展。根据需求价格弹性，我们可以把商品简单地分为宜"薄利多销"的商品和宜"提价销售"的商品两类。

为了方便分析，需要了解一下总收益的概念。总收益是指企业出售一定量商品所得到的全部收入，也就是商品销售量与其价格的乘积，公式为：

$$TR = P \times Q$$

式中，TR 代表总收益，P 代表商品的价格，Q 代表与需求量相一致的销售量。

假设需求量就是销售量，不同商品的需求价格弹性不同，其价格变动引起的销售量（需求量）的变动就不同，从而总收益的变动也就不同。

1. 宜"薄利多销"的商品

这种商品的需求富有弹性，可以通过降价实现总收益的增加。

[例1] 假定某品牌老年人手机（以下简称手机）的需求富有弹性，且 $E_d = 2$，每台手机的价格为 500 元，销售量为 100 台，这时总收益：

$$TR_1 = 500 \times 100 = 50000 （元）$$

[例2] 若例1中每台手机的价格下降 10%，请问总收益会如何变化？

分析：如果每台手机的价格下降 10%，即价格从 500 元下降到 450 元，已知 $E_d = 2$，将已知条件带入弹性系数 E_d 的计算公式，可得降价 10% 后销售量将增加到 120 台。这时总收益是：

$$TR_2 = 450 \times 120 = 54000 （元）$$

两者比较，$TR_2 - TR_1 = 4000$（元），虽然后者每台手机的价格下降了，但总收益却增加了 4000 元。

[例3] 如果例1中手机的价格提高 10%，那么总收益会如何变化？

分析：已知 $E_d = 2$，手机的价格上升 10%，根据弹性系数 E_d 的计算公式可得销售量会减少 20%，即减少至 80 台。这时总收益是：

$$TR_3 = 550 \times 80 = 44000 （元）$$

两者比较，$TR_3 - TR_1 = -6000$（元）。虽然后者每台手机的价格提高了，但由于需求富有弹性，导致需求量减少，以至于总收益减少了 6000 元。

通过上述分析可得出这样一个结论：需求富有弹性的商品的价格与总收益呈反方向变动，即价格上升，会导致商品需求量减少，价格上升的比例小于需求量减少的比例，最终将导致总收益减少；价格下降，会导致商品需求量增加，商品需求量增加的比例大于价格下降的比例，最终将导致总收益增加。这就是人们对于需求富有弹性的商品可以实行"薄利多销"策略的原因所在。对于这类商品,企业可以考虑适当降价,以扩大销售量,进而增加总收益。

2. 宜"提价销售"的商品

这种商品的需求缺乏弹性,可以通过提价实现总收益的增加。

[例4] 假定面粉的需求价格弹性系数 $E_d=0.5$,每千克面粉的价格为 2 元,销售量为 100 千克,这时总收益是:

$$TR_1 = 2 \times 100 = 200 \text{(元)}$$

[例5] 如果例 4 中的面粉的价格下降 10%,总收益会如何变化?

分析:由于 $E_d=0.5$,若面粉价格下降 10%,则其销售量会上升 5%。这时总收益是:

$$TR_2 = 1.80 \times 105 = 189 \text{(元)}$$

两者比较,$TR_2 - TR_1 = -11$(元)。虽然后者每千克面粉的价格下降了,但总收益并未增加,反而减少了 11 元。

[例6] 在例 4 中,若每千克面粉的价格上升 10%,那么总收益会如何变化?

分析:由于 $E_d=0.5$,若面粉价格上升 10%,则其销售量会下降 5%。这时总收益是:

$$TR_3 = 2.20 \times 95 = 209 \text{(元)}$$

两相比较,$TR_3 - TR_1 = 9$(元)。虽然后者每千克面粉的价格上升了,但总收益并未减少,反而增加了 9 元。

通过上述分析可得出这样一个结论:需求缺乏弹性的商品的价格与总收益呈同方向变动。价格下降,导致需求量增加,由于需求量增加的比例小于价格下降的比例,最终导致总收益减少;价格上升,导致需求量减少,由于需求量减少的比例小于价格上升的比例,最终导致总收益增加。

这种商品的需求是缺乏弹性的,可以通过提价实现总收益的增加。这可以说明"谷贱伤农"现象,因为谷物是生活必需品,需求缺乏弹性,丰收后造成谷价下跌,但销售量上升不多,因此总收益减少,影响农民再生产的积极性。所以政府往往对农产品实行支持价格,以保障农民收入,进而保护农民的生产积极性。

扩展阅读 2-11

奶农为何要把牛奶倒入田间与河中？

2009年，受金融危机以及欧盟牛奶生产配额的双重影响，欧洲的鲜奶售价只有从前的一半，由此引发多国奶农持续抗议，爆发了此起彼伏的倒奶活动。9月16日，比利时南部地区农民出动大约300台拖拉机，向田里倾倒300万升牛奶。9月18日，法国各地的奶农同时展开"白色日"行动，把近400万升鲜奶泼到了田里。9月19日，法国和德国的奶农向莱茵河中倾倒了大量牛奶。9月21日，比利时、法国、德国、奥地利、荷兰、意大利等国的奶农继续向田里倾倒大量鲜奶。

2017年1月23日，欧洲奶农在比利时布鲁塞尔欧盟理事会大楼外喷洒奶粉抗议牛奶市场危机，街道犹如落下大雪，大楼变成奶白色。

上述倒奶现象，与20世纪30年代美国农场主把牛奶倒进密西西比河有着惊人的相似之处。欧洲牛奶过剩问题至今尚未解决。

 思考：

奶农为何不将牛奶降价促销或送给穷人，而要将其倒掉？

 笔记：

提示：

农作物的需求价格弹性一般都比较小，农作物丰收将导致农产品价格下降，进而使农民的收入减少。在西方一些国家，有时会在农作物丰收后采取把部分农作物销毁的做法，其目的在于减少供给，稳定农产品价格，减少农民的损失。

本章要点回顾

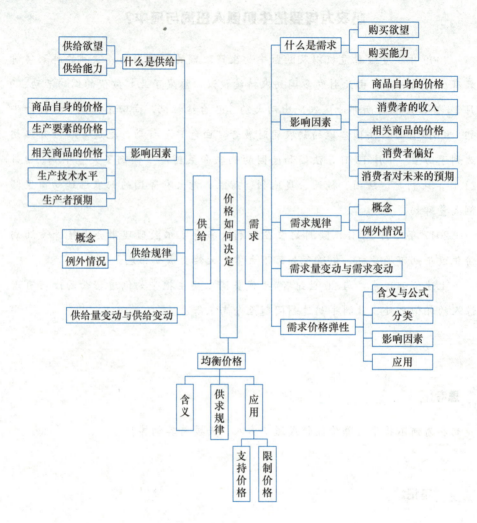

一、单项选择题

1. 需求是指消费者（　　）。

   A. 在每一价格水平上愿意而且能够购买某种商品的量

   B. 在市场上能够购买的商品量

   C. 实现最大限度满足所需要购买的商品量

D. 在一定价格水平上愿意出售的商品量

2. 经济学上的需求是指人们的（　　）。

   A. 购买欲望

   B. 购买能力

   C. 购买欲望和购买能力的统一

   D. 根据其购买欲望所决定的购买量

3. 需求曲线是表示（　　）。

   A. 需求量与供给之间关系的曲线　　B. 需求量与货币之间关系的曲线

   C. 需求量与价格之间关系的曲线　　D. 需求量与收入之间关系的曲线

4. 在其他条件不变的情况下，当汽油的价格上升时，汽车的需求将（　　）。

   A. 减少　　　　B. 不变　　　　C. 增加　　　　D. 难以确定

5. 假定咖啡与茶叶互为替代品，在其他条件不变的情况下，当咖啡的价格急剧升高时，茶叶的需求将（　　）。

   A. 减少　　　　B. 不变　　　　C. 增加　　　　D. 难以确定

6. 消费者预期某种商品的价格将来会上升，则当前对该商品的需求将（　　）。

   A. 减少　　　　B. 增加　　　　C. 不变　　　　D. 难以确定

7. 需求规律意味着，在其他条件不变的情况下，随着汽车的价格上升，（　　）。

   A. 汽车的需求量将增加

   B. 汽车的需求量将减少

   C. 汽车的需求量仍保持不变

   D. 汽车的需求量可能增加，可能减少，也可能不变

8. 在其他条件不变的情况下，牛奶价格下降将导致牛奶的（　　）。

   A. 需求增加　　　　　　　　　　B. 需求减少

   C. 需求量减少　　　　　　　　　D. 需求量增加

9. 需求曲线向右下方倾斜，表示当一种商品价格上升时，其需求量将（　　）。

   A. 上升　　　　B. 下降　　　　C. 不变　　　　D. 不能确定

10. 政府为了扶持农产品，规定了高于均衡价格的支持价格。为此，政府应采取的措施是（　　）。

    A. 收购过剩的农产品　　　　　　B. 增加农产品税收

    C. 实行农产品配给制　　　　　　D. 对农产品生产者给予补贴

11. 需求价格弹性是指（　　）。

　　A. 一种商品的需求量变动对另一种商品价格变动的反应程度

　　B. 需求量变动对价格变动的反应程度

　　C. 价格变动对需求变动的反应程度

　　D. 需求量变动对收入变动的反应程度

12. 某种商品的价格变动10%，其需求量变动20%，则它的需求价格弹性系数为（　　）。

　　A. 10%　　　　B. 30%　　　　C. 50%　　　　D. 2

13. 如果一种商品的价格变化5%，其需求量因此变动2%，那么该商品的需求（　　）。

　　A. 富有弹性　　　　　　　　B. 缺乏弹性

　　C. 完全有弹性　　　　　　　D. 完全无弹性

14. 如果某商品的需求缺乏弹性，当该商品价格上升5%时，将导致其（　　）。

　　A. 需求量的增加超过5%　　　B. 需求量的增加小于5%

　　C. 需求量的减少超过5%　　　D. 需求量的减少小于5%

15. 下列商品中需求价格弹性最小的是（　　）。

　　A. 小汽车　　　B. 时装　　　C. 食盐　　　D. 化妆品

16. 下列商品中需求价格弹性最大的是（　　）。

　　A. 面粉　　　B. 大白菜　　　C. 高档化妆品　　　D. 报纸

二、多项选择题

1. 以下属于互补品的是（　　）。

　　A. 镜架和镜片　　　　　　　B. 汽车和汽油

　　C. 煤和天然气　　　　　　　D. 苹果和梨子

2. 影响需求的因素主要有（　　）。

　　A. 消费者收入　　　　　　　B. 互补品价格

　　C. 商品自身价格　　　　　　D. 消费者偏好

3. 影响供给的因素主要有（　　）。

　　A. 消费者预期　　B. 生产成本　　C. 消费者偏好　　D. 生产技术

4. 支持价格也称最低限价，以下说法正确的是（　　）。

　　A. 支持价格低于均衡价格

B. 支持价格高于均衡价格

C. 主要用于农产品上

D. 是政府对价格的干预措施

5. 关于需求缺乏弹性的商品，以下说法正确的是（　　）。

A. 价格下降会使销售收入增加

B. 价格上升会使销售收入增加

C. 价格下降会使销售收入减少

D. 价格上升会使销售收入减少

三、思考题

1. 为什么旅游业的发展可以带动旅馆、餐饮、交通、娱乐等行业的相应发展？

2. 天气炎热、消费者收入增加以及空调价格下降可使空调的销售量增加。从经济学角度来看，这三种导致空调的销售量增加的因素有什么不同？

3. 为什么化妆品可以薄利多销而药品却不行？

4. 如何判断一种商品的需求是富有弹性还是缺乏弹性？

笔记：

四、计算题

某商品的市场需求函数和供给函数分别为：$Q_d=200-2P$，$Q_S=40+2P$。如果政府将该商品的价格定为 50 元每单位，则此时该商品在市场上是供不应求还是供大于求？该商品的均衡价格和均衡数量应该是多少？

笔记：

五、案例分析题

第1题

（一）资料

江门恩平土豆滞销　珠海市民微信义卖万斤

2015年4月，江门恩平土豆迎来大丰收，但由于供过于求，滞销严重，收购价从2014年的最高每斤3元下跌至每斤不到1元，却仍无人问津。仅恩平一个名为福坪村的地方就有200多吨土豆滞销。4月8日，珠海市民郭某得知消息后，就在微信朋友圈发出了爱心认购10000斤江门土豆的活动。土豆收购价是0.8元/斤，即便加上运到珠海的费用，1斤也只需1元，远比珠海市面上每斤2～3元的土豆零售价低许多。

活动于4月8日推出，仅两天时间，网友就通过微信等方式认购了8500余斤土豆，另外约1500斤则由郭某等三人认购了。

（二）要求

1. 请从需求与供给的角度分析为什么土豆的价格会下跌。
2. "爱心土豆"活动是否符合价格机制？
3. 如何用经济学的观点来解释"挂满枝头的果实有多沉，农民的心头就有多沉"？

笔记：

第2题

（一）资料

书店老板的困惑

某学校附近有一家书店，主营中小学教辅及漫画书。每逢该书店降价促销时，漫画书就热卖，而教辅书的销售量却并未增加多少。今年受纸张价格上涨因素的影响，图书价格与去年相比有所上涨。书店老板李先生发现：书价上涨，漫画书的销售量下降，但教辅书的销售量几乎没变。老板百思不得其解：为何书价下降或上涨会使漫画书的销售量变动较大，而对教辅书的销售量却没有多少影响呢？

（二）要求

1. 请分析漫画书和中小学教辅的需求价格弹性系数的大小。
2. 如果你是书店老板，你会采用什么样的价格策略？

笔记：

知识链接 2-1

供给价格弹性

（一）供给价格弹性的含义

供给价格弹性又称供给弹性，是指商品价格变动的比值所引起的供给量变动的比值，它代表的是一种商品的供给量对商品自身价格变动反应的灵敏程度。供给价格弹性的大小可以用供给价格弹性系数来表示，即

$$供给价格弹性系数(E_S) = \frac{供给量变动百分比}{价格变动百分比} = \frac{\Delta Q/Q}{\Delta P/P}$$

式中，Q 代表原供给量，ΔQ 代表供给量的变动量，P 代表商品原价格，ΔP 代表价格变动量。

例如，某种商品价格上涨 10%，其供给量增加 20%，则这种商品的供给价格弹性系数为 2。由于供给量的变化与价格变化方向是一致的，因此供给价格弹性系数均为正数。

（二）供给价格弹性的分类

供给价格弹性可分为五种类型，如图 2-13 所示，纵轴 P 代表价格，横轴 Q 代表供应量。

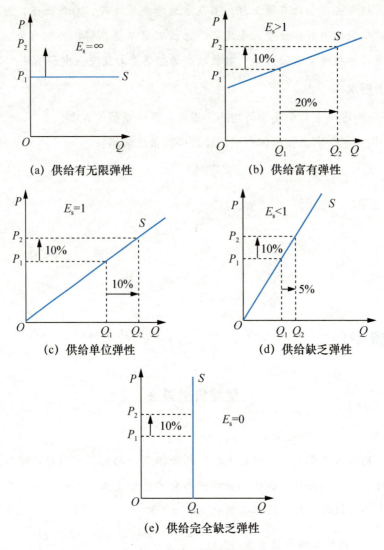

图 2-13 供给价格弹性的五种类型

(1) $E_s=\infty$,称为供给有无限弹性。在这种情况下,只要价格有微小的上涨,例如,在图 2-13(a)中,价格从 P_1 上升到 P_2,则供给量将从 0 变为无穷大;反过来,如果价格有微小的下调,则供给量将变为 0,此时的供给曲线往往是一条水平直线。

(2) $E_s>1$,称为供给富有弹性。在这种情况下,供给量变动比例超过了价格变动比例,即价格每升高(或降低)一定比例,供给量升高(或降低)的比例超过价格变化的比例。例如,在图 2-13(b)中,价格从 P_1 上升到 P_2,价格增长了 10%,

而供给量从 Q_1 变为 Q_2，供给量增长了 20%。

(3) $E_S=1$，称为供给单位弹性。在这种情况下，供给量与价格呈同比例变动，也就是说，价格每升高（或降低）一定比例，供给量将等比例升高（或降低）。例如，在图 2-13(c)中，价格从 P_1 上升到 P_2，价格增长了 10%，而供给量从 Q_1 变为 Q_2，供给量也增长了 10%。

(4) $E_S<1$，称为供给缺乏弹性。在这种情况下，供给量变动比例小于价格变动比例，或者说，价格每升高（或降低）一定比例，供给量升高（或降低）的比例小于价格变化的比例 1%。例如，在图 2-13(d)中，价格从 P_1 上升到 P_2，价格增长了 10%，而供给量从 Q_1 变为 Q_2，供给量增长了 5%。

(5) $E_S=0$，称为供给完全缺乏弹性或零弹性。在这种情况下，无论价格是升高还是降低，供给量都不会改变。此时供给曲线往往是一条垂直线。例如，在图 2-13(e)中，价格从 P_1 上升到 P_2，价格增长了 10%，而供给量不会改变。

(三) 影响供给价格弹性的因素

影响供给价格弹性的因素主要有以下几个：

(1) 生产的难易程度。一般而言，在一定时期内，容易生产而且生产周期较短的产品，当价格变动时其产量调整速度快，因而供给价格弹性较大；不易生产且生产周期长的产品，则供给价格弹性较小。

(2) 成本的增加程度，即产量增加引起的成本增加量。若产量上升，生产者需增加的成本很少，那么价格上升后会有更多企业进行生产，从而供给量增加，供给富有弹性；反之，则供给缺乏弹性。

(3) 生产的技术类型。生产的技术类型主要有资本密集型和劳动密集型两类，前者的供给价格弹性较小，后者的供给价格弹性较大。这是因为，资本密集型产品供给的增加直接受生产设备、技术水平的制约，增加供给并不容易；而劳动密集型产品主要受劳动力投入多少的限制，增加产品供给较为容易。

第三章
消费者如何决策

 学习目标

【知识目标】↘

- 了解效用的概念
- 理解总效用、边际效用的概念及二者之间的关系
- 掌握边际效用递减规律

【技能目标】↘

- 能运用边际效用递减规律来分析现实生活中的一些经济现象

【素养目标】↘

- 树立正确的消费观,培养理性消费的习惯

 **案例导入**

娜娜的购衣烦恼

娜娜是忠实的网购一族,她的服装都是在网店打折促销时买来的。某天她在整理衣橱时突然发现有 20 多件衣服从没穿过。记得这些衣服分别是在 2 月 14 日、5 月 20 日、6 月 18 日、11 月 11 日、12 月 12 日等时间网购的,但是在买了之后娜娜就把它们放进了衣橱,久而久之连自己也忘记了。现在看来,这些衣服既占用了衣橱的宝贵空间,也浪费了她的金钱。朋友给了娜娜三条建议:

1. 应做个明智的消费者,不要看中了就买,买了之后却没有穿。

2. 看中某件衣服时,不论其多便宜,都应先问问自己:真的需要吗?真的喜欢吗?真的适合自己吗?若未达到这三个标准,请慎重购买。

3. 要学习一点服装搭配技巧,让自己可以用 10 件衣服搭配出 20 款样子来,实现衣服效用最大化。

思考:

(1) 你遇到过与娜娜类似的经历吗?

(2) 为何你认为一件很好看的衣服(或其他商品),而其他同学可能并不喜欢?

(3) 一个明智的消费者在购物时应考虑哪些因素?

笔记:

第一节　影响消费者选择的几个因素

消费者有各种欲望，这些欲望往往需要通过消费各种商品才能得到满足。面对琳琅满目的商品，每个人都必须面对这样一个问题：如何用有限的资金购买最多自己喜欢的东西，以获得最大程度的满足？如果你留意一下身边的同学，你就会发现他们的手机、电脑，以及衣服的品牌、款式、颜色各不相同。在超市里，比较一下任意两个购物者的购物车，你会发现不同的人购买的商品组合各不相同。张三会把番茄、苹果、巧克力和牛奶放在他的购物车里，而李四却把饮料、葡萄、花生和饼干放进购物车里。为什么张三没有买石榴和可乐，而李四不买苹果和白菜呢？

为此，我们需要分析影响消费者选择的因素。一般而言，影响消费者选择的因素主要有欲望、偏好、商品的价格、预算约束、效用等。

一、欲望

由于每个自然人都依赖外界物品来满足自身的需要，人们天生对外界物品存在着欲望，人的这种欲望是选择的原动力。在现实生活中，我们常说"人有七情六欲"。这"六欲"就是欲望或需求。就人类而言，欲望是人们为了延续和发展生命，以一定的方式适应生存环境而对客观事物的要求。因此，人的欲望实质上是一种缺乏的感觉和求得满足的愿望。它是一种心理感觉，即人们内心的不足之感与求足之愿的统一。人们之所以愿意购买某种商品，就是因为需要这种商品，从而产生消费欲望。

二、偏好

所谓偏好，是指消费者在心理上更喜欢购买某种或某些商品，也就是人们通常在产生某种欲望的紧迫感后，通过购买某一种或某些商品而表现出来的一种内在的心理倾向。偏好具有一定的趋向性和规律性，存在于个体自身内部，是难以直接观察到的。它受社会、心理状况、文化、职业、民族、收入等条件的影响。购买面包、饼干能满足人们充饥的欲望，购买棉衣、羊绒衫能满足人们御寒的欲望，看电影能够满足人们精神享受的欲望。那到底是购买面包还是饼干、棉衣还是羊绒衫，就取决于消费者的不同偏好。通过观察可以发现：生活中有些人爱喝啤酒，有些人只喝白酒；有些人爱穿 T 恤、球鞋，有些人则总是西装革履。正如俗话所说：萝卜青菜，各有所爱。

三、商品的价格

当消费者对某商品有购买欲望时，商品价格的高低就在一定程度上对消费者最终是否购买该商品起决定作用。一般而言，商品的价格越高，其需求量越小；商品的价格越低，其需求量越大。

四、预算约束

当消费者偏好的商品价格一定时，最后消费者决定购买哪种或哪些商品、购买多少，在一定程度上取决于消费者的口袋里有多少钱。也就是说，消费者不可能随心所欲，消费者的最终购买行为要受其可支配收入的约束，或者说要受预算的约束。例如，你想购买几件衣服和几双拖鞋，其中衣服的价格 $P_X=100$ 元/件，拖鞋的价格 $P_Y=50$ 元/双，而你只有 500 元。很显然，你不可能随意购买两样商品，若衣服的购买数量多，拖鞋的购买数量必然少。

> **扩展阅读 3-1**
>
> ### 预 算 线
>
> 人们的预算约束可以用预算线来说明，它表示在消费者预算和商品价格既定的条件下，消费者的全部预算所能购买到的两种商品的不同数量的各种组合。
>
> 假定娜娜的购物预算为 500 元，用于购买衣服和拖鞋两种商品，其中衣服价格 $P_X=100$ 元/件，拖鞋价格 $P_Y=50$ 元/双。娜娜用这 500 元购买上述衣服与拖鞋，既不能超支也不能有剩余，即要正好把 500 元用完，则娜娜的购买行为有以下几种组合方式（如表 3-1 所示）。

表 3-1　娜娜购买衣服和拖鞋的组合

组合方式	衣服/件	拖鞋/双
a	0	10
b	1	8
c	2	6
d	3	4
e	4	2
f	5	0

根据表 3-1，可以画出图 3-1。

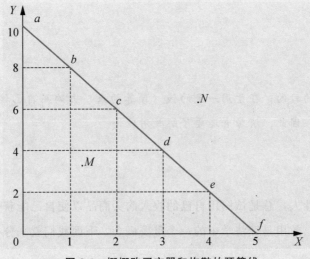

图 3-1　娜娜购买衣服和拖鞋的预算线

在图 3-1 中，X 轴代表购买衣服的数量，Y 轴代表购买拖鞋的数量，a、b、c、d、e、f 分别为表 3-1 中衣服与拖鞋不同组合在图中对应的点，连接这六个点所形成的线就是娜娜的预算线。例如，在 a 点时表示娜娜买了 10 双拖鞋，而没有买衣服。预算线上任何一点所购买的衣服与拖鞋的组合正好用完全部的钱。例如，在 b 点时，娜娜购买 8 双拖鞋和 1 件衣服，正好用完 500 元（8×50 元＋1×100 元）。

预算线是娜娜可以实现的消费与不可以实现的消费的分界线。在预算线内和线上任何一点时（X 和 Y 均为整数）购买衣服和拖鞋的组合都是可以实现的消费。例如，当娜娜的消费在点 M 处的话，她的钱还没有花完，尚存在一定的购买能力。而当娜娜的消费在预算线以外的任何一点（如点 N）时，则是娜娜无法实现的消费，即衣服和拖鞋的总额超过预算 500 元。

💡 **思考：**

娜娜在 500 元的预算约束下购买衣服与拖鞋，可以有 6 种组合，那娜娜会选择哪种组合呢？

📔 **笔记：**

_____

_____

_____

💬 **提示：**

消费者消费的目的，在于用一定的钱（预算约束）去购买自己偏好的商品，以获得效用最大化。因此，消费者还要了解效用理论。

五、效用

消费者是理性人，总是试图用自己的收入购买商品以使自己能获得最大的满足，实现效用最大化。效用是经济学中的一个重要概念，下面我们就来分析一下效用。

1. 效用的含义

效用是指消费者从消费某种商品中得到的满足程度。通俗地讲，效用就是我们在消费某一商品时得到的满足感、幸福感。消费者消费某种商品得到的满足程度高就是效用大；反之，就是效用小。如果消费者从消费某种商品中感受到痛苦，则效用就是负效用。效用具有主观性和相对性两个特征。

（1）主观性

效用是对欲望的满足，因此，效用和欲望一样，是一种心理感觉。某种商品有没有效用以及效用的大小没有客观标准，完全取决于消费者在消费某种商品时的主观感受。

例如，一瓶白酒对喜好喝酒的人来说可能有很大的效用，而对不喝酒的人来说则可能毫无效用，甚至有负效用。因此，效用本身没有客观标准，而且效用的大小取决于每个人的主观评价，很难予以量化。

扩展阅读 3-2

什么东西最好吃？

有一天，大花猫偶遇小白兔，闲来无事便探讨起"世界上什么东西最好吃"的问题。大花猫说："老鼠是世界上最好吃的东西，其肉质细嫩、营养丰富。"小白兔反驳说："你大错特错，胡萝卜才是世界上最好吃的！它既甜又脆，还解渴。"大花猫与小白兔争论不休，谁也说服不了谁。途经此地的老黑猴听到它们的争吵，忍俊不禁，说道："你们两个都错了，世界上最好吃的东西是什么？是桃子啊！桃子汁多味美、香甜可口。"大花猫和小白兔听了，全都直摇头。那么，世界上到底什么东西最好吃呢？

思考：

（1）为什么胡萝卜对于兔子来说效用很大，但对于猫、猴子来说效用却很小？

（2）为什么兔子、猫、猴子以及你和身边的同学认为世界上最好吃的东西不一样呢？

笔记：

（2）相对性

效用因人、因时、因地而异。对不同的人而言，同种物品所具有的效用是不同的，甚至对同一个人而言，同一物品在不同时间与不同地点的效用也是不同的。

例如，有一个名叫《傻子地主》的故事讲道：某地闹水灾，洪水吞没了土地和房屋。在一棵大树上，一个地主和一个长工遇到一起。地主紧抱一盒金条，长工抱着一篮面饼。几天过去，四处仍旧是洪水泛滥。长工饿了就吃几口面饼，地主饿了却只能看着金条发呆。地主舍不得用金条去换面饼,长工也不愿把面饼白送给地主。又过去了几天,大水退去了。长工从树上下来了,而地主却永远留在了树上。这个故事说明效用产生的满足感是因人、因时、因地而异的。

 课堂讨论

请你举出几个自己身边关于效用的主观性和相对性的例子。

 笔记:

2. 效用大小的测量方法

效用既然是人的一种主观感受,那么效用能不能测量呢?不同的经济学家对此认识不同,并形成了分析消费者行为的两种理论:基数效用论与序数效用论。

(1)基数效用论

基数效用论的基本观点是:效用是可以计量并可加总求和的,也就是说,效用的大小可用基数(1,2,3…)来表示,并可加总求和。例如,对某消费者而言,看一场精彩的球赛的效用为20个效用单位,吃一顿麦当劳的效用为8个效用单位,则这两种消费的效用之和为28个效用单位。

基数效用论采用的是边际效用分析法。在19世纪和20世纪初,经济学界普遍使用基数效用概念。

(2)序数效用论

序数效用论认为效用无法具体衡量,效用之间的比较只能通过顺序或等级表示,也就是说效用只能用序数表示,即用"第一""第二""第三"等来表示商品效用的大小,而不能确切地说出各种商品的效用到底是多少。沿用上面的例子,消费者看了一场精彩的球赛,又吃了一顿快餐,他觉得看球赛带来的满足感比吃快餐更大,于是球赛的效用排第一位,快餐的效用排第二位。但他并不能说明或没有必要说明在这两种消费中,看球赛的效用究竟比吃快餐大多少。

自20世纪30年代至今,经济学中多使用序数效用概念。序数效用论采用无差异曲线分析法。

3. 如何实现效用最大化

消费者用一定的钱去购买一定数量自己偏好的商品，如何才能获得效用最大化？这是一个复杂的问题，需要用基数效用论与序数效用论才能分析清楚。本书建议，对于将来不从事经济理论研究的同学，只需了解本章第二节的"边际效用递减规律"即可。

第二节 边际效用递减规律

本节讲述的边际效用递减规律是基数效用论中的基本分析方法。

一、总效用与边际效用

在运用边际效用分析法分析消费者行为时，首先需要了解两个重要概念：总效用与边际效用。

1. 总效用

总效用（Total Utility）是指消费者从消费一定量的某种物品或劳务中所得到的总的满足程度，以下用 TU 表示。例如，娜娜吃第一个草莓的效用为 10，吃第二个草莓的效用为 8，吃第三个草莓的效用为 6，那么这 3 个草莓给她带来的总效用是 24。

2. 边际效用

边际效用（Marginal Utility）是指消费者每增加一单位商品的消费所增加的满足程度，以下用 MU 表示。边际的含义是增量，是指自变量增加所引起的因变量增加量。例如，娜娜吃第一个草莓的效用为 10，吃第二个草莓的效用为 8，吃第三个草莓的效用为 6，吃第四个草莓的效用为 4，吃第五个草莓的效用为 2，吃第六个草莓的效用为 0，吃第七个草莓的效用为 −2，则娜娜吃草莓对应的总效用与边际效用如表 3-2 所示。

表 3-2 娜娜吃草莓对应的总效用和边际效用

消费数量（Q）	总效用（TU）	边际效用（MU）
0	0	0
1	10	10
2	18	8
3	24	6
4	28	4
5	30	2
6	30	0
7	28	−2

我们用表 3-2 中娜娜吃草莓的例子来分析总效用与边际效用的关系，如图 3-2 和图 3-3 所示，其中横轴 Q 表示商品消费量，纵轴分别表示总效用 TU 和边际效用 MU：

① 当 $MU>0$ 时，TU 上升；

② 当 $MU=0$ 时，TU 最大，处于从上升到下降的拐点；

③ 当 $MU<0$ 时，TU 下降。

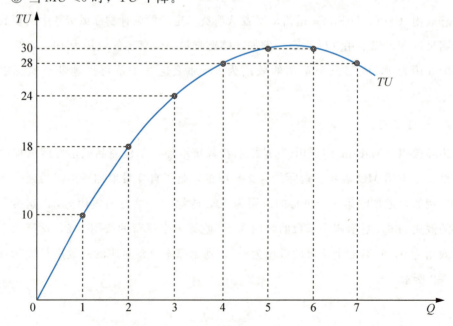

图 3-2 娜娜吃草莓对应的总效用曲线

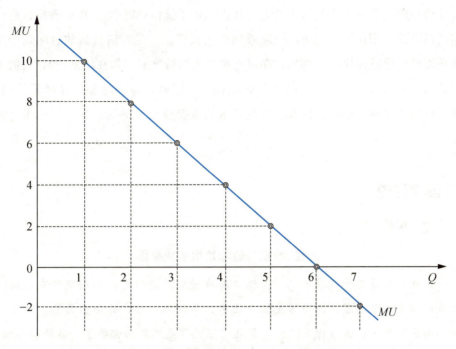

图 3-3 娜娜吃草莓对应的边际效用曲线

在图 3-2 中，TU 为总效用曲线，可以看出随着消费量的增加，总效用先增后减。在图 3-3 中，MU 为边际效用曲线，可以看出随着消费量的增加，娜娜从每增加的一单位消费中得到的边际效用是递减的。例如，娜娜吃第二个草莓，边际效用为 8，吃第三个草莓，边际效用为 6，……吃第六个草莓，边际效用为 0，吃第七个草莓，边际效用为 -2。这种随物品消费量增加边际效用递减的规律称为边际效用递减规律。

二、边际效用递减规律

边际效用递减规律是指在一定时间内，随着消费者对某种商品消费量的增加，他从增加的商品中所获得的满足程度越来越小，即边际效用是递减的。

边际效用递减规律可以用以下两点来解释：

第一，生理或心理的原因。随着相同物品消费数量的连续增加，人生理上的满足或心理上的反应逐渐减少，从而满足程度逐渐降低。

第二，商品本身用途的多样性。每一种物品都有多种用途，这些用途的重要性不同。消费者总是将第一单位的消费品用在最重要的用途上（其边际效用就大），把第二单位的消费品用在次要的用途上（其边际效用就相对较小）。以此类推，后续被使用的消费品的用途越来越小，边际效用就递减了。可见，消费品的边际效用随其用途重要性的递减而递减。例如，在仅有少量水的情况下（如在沙漠中），人们十分珍惜地饮用，以维持生命，水的边际效用很大。随着水量的增加，除满足饮用外，水还可以用来洗脸、洗澡、洗衣、浇花，水的重要性相对降低，其边际效用也相应减小。

（一）资料

恋爱、婚姻与边际效用递减规律

行走在烈日炎炎的沙漠之中，当你口渴难耐求助无门时，如果突然有人送给你一杯水，你会非常感激，因为这是救命之水；再给你一杯，你仍然需要，可不会像第一杯那么强烈了；再给你第三杯，你能喝下，只是不那么需要了；再给你第四杯、第五杯……要你喝下，估计你开始感到厌倦甚至反胃了。

男女之间也是一样，无论是在恋爱中还是在婚姻中，都不可避免地会出现审美疲劳。刚开始谈恋爱时，双方感觉很新鲜，恋人的眼睛看到的、耳朵听到的全是最美好的。每一次的约会都是那么令人期盼。但时间长了，恋人之间也会产生各种矛盾，甚至会分手。结婚之后，随着时间的推移，新鲜感不复存在，平凡的"柴、米、油、盐"生活容易导致夫妻间出现审美疲劳，使婚姻失去激情，这是婚姻边际效用递减的典型表现。

（二）讨论

1. 请用边际效用递减规律解释为什么人们最难忘的是自己的初恋，最难忘的是第一次约会的地点。
2. 请从边际效用递减规律的角度谈谈如何使爱情之树常青。

笔记：

提示：

保持一颗发现美的心灵，不断发掘对方的优点，提高爱情和婚姻的边际效用数值，让爱情和婚姻之树常青。

扩展阅读 3-3

边际效用递减规律给企业经营者的启示

消费者购买商品是为了效用最大化。商品的效用越大，消费者愿意支付的价格就越高。边际效用递减规律对企业经营者具有重要的启示意义。

1. 企业经营者要不断研究消费者的心理，迎合消费者的偏好。企业不仅要了解当前的消费热点，发现未来的消费时尚，而且还要善于把握消费者的偏好及变动，从而及时生产出能满足消费者偏好的产品。

2. 企业经营者要积极推进产品创新，提高产品的市场竞争力。一般而言，如果企业连续生产一种产品，它带给消费者的边际效用将不断递减，消费者愿意支付的价格就会越来越低。因此，企业要不断推出能吸引消费者的新产品。

3. 企业经营者要大力做好产品宣传工作，引导未来消费。随着经济的发展和人们生活水平的提高，人们的消费观念与消费行为正在发生变化，消费者对商品的选择越来越挑剔。广告宣传是企业树立口碑、培育品牌、带旺人气、引导未来时尚的一个重要手段，影响着消费者的偏好与消费。

思考：

在竞争异常激烈的智能手机市场，华为、小米、OPPO 和 vivo 等国产手机品牌强势崛起，不仅在国内市场"翻身"，而且还成功反击，获得世界各国消费者的青睐，成为"中国制造"的一张亮丽的名片。

你认为国产手机成功的原因有哪些？

笔记:
_____
_____
_____

第三节 消费者决策的原则

当你看见超市里成百上千种自己想购买的商品时，购买什么、购买多少？你必须考虑各种商品的价格，并在你的购买能力范围内购买最符合自己需要的一组商品。

例如，作为大学新生的娜娜，她非常爱美，喜欢买衣服和鞋，她倾向于将每月结余下来的钱全部用于购买衣服和鞋。可是父母每个月只给她1200元生活费，除了伙食费和手机通信费以外，她就只剩500元。她会如何选择购买衣服和鞋呢？娜娜在进行选择时应遵循什么原则呢？一般而言，有以下两个原则需要遵循。

一、消费者剩余原则

1. 消费者剩余的概念

消费者剩余是指消费者愿意为某商品支付的最高价格与其实际支付的价格之间的差额。

例如，娜娜想购买一双某品牌的运动鞋，她愿意支付的最高价格是300元，但因为市场供需的原因，该运动鞋的实际市价为250元，那么此时娜娜买这双鞋就会剩余50元（300元－250元）。下面以娜娜购买运动鞋愿意支付的价格与运动鞋实际价格之间的关系来说明消费者剩余（如表3-3所示）。

表3-3 消费者剩余表

娜娜愿意支付的价格/元	实际支付的价格/元	消费者剩余/元
300	250	50
290	250	40
280	250	30

续表

娜娜愿意支付的价格/元	实际支付的价格/元	消费者剩余/元
270	250	20
260	250	10
250	250	0
240	250	−10

当运动鞋的实际价格为 250 元时，若娜娜愿意为这双运动鞋支付 300 元，这样就有 50 元的消费者剩余；若娜娜愿意为这双运动鞋支付 290 元，这样就有 40 元的消费者剩余。以此类推，当娜娜愿意支付的价格分别是 280 元、270 元、260 元、250 元、240 元时，消费者剩余分别为 30 元、20 元、10 元、0 元、−10 元。很显然，消费者希望消费者剩余越多越好，当消费者剩余为 −10 时，娜娜可能就不会购买。

需要指出的是，消费者剩余并不是实际收入的增加，只是一种心理感觉，感觉得到预料之外的实惠。这一概念是分析某些经济问题的重要工具。

2. 消费者剩余的启示

消费者剩余并不是实际收入的增加，而是满足程度的增加。这种满足程度也可以用货币单位表示，但它只是一种心理感觉。例如，对于生活必需品，因为消费者对这类物品的效用评价高，愿意付出的价格高，但这类物品的市场价格并不高，所以生活必需品的消费者剩余往往较大。消费者剩余对消费者来说是一种无形的节约，消费者可以少付货币就能得到较多的效用。因此，消费者在做消费选择时遵循的第一个原则就是要有消费者剩余，而且剩余得越多越好。

课堂讨论

（一）资料

消费者剩余

一般来说，在现实的商业行为中都存在两种价格：一种是由收入和偏好决定的消费者价格，另一种是由市场供求关系决定的市场价格。前者遵循着边际效用递减规律，而后者则遵循着供求规律；前者体现了消费者获得的效用总量，后者体现了消费者为了获得一定的效用总量而实际支付的货币总量。消费者价格与市场价格之差，就是体现消费者满足感的"消费者剩余"。因此，当消费者以低于消费者价格购买到自己所需的商品时，心里会很愉悦，有一种商品"很便宜"的感觉。当这种"便宜感"很大、很强烈时，消费者的购买行为完全可能再继续下去，直至这种"便宜感"减弱、消失为止。这就是人们对价格变得便宜的商品会多买的原因。反之，当消费者的购买行为使其大呼上当或感到吃亏时，那一定是失去了"消费者剩余"，从而失去了一种满足感。明白了消费者价格和市场价格之间的关系后，我们就可以解释虚假广告和不法商家雇"托"来欺骗消费者的方法——通过夸大商品的效用或人为制造紧缺感，提高消费者价格，从而增加购买者的"消费者剩余感"，诱发人们的购买行为。

（二）讨论

1. 娜娜很喜欢某一品牌的运动鞋，因其实际价格超过她愿意支付的价格300元而一直未购买。昨天网店搞促销，娜娜只花了200元就买到了这双运动鞋。请问，娜娜的意愿支付价格是多少？通过购买这双运动鞋，娜娜得到了多少消费者剩余？

2. 企业如何利用消费者剩余实现盈利？

笔记：

_____

_____

_____

二、消费者均衡原则——效用最大化原则

在娜娜想用500元去购买衣服或拖鞋时，如果一件衣服的价格是100元，一双拖鞋的价格是50元，那么她可以买5件衣服不买鞋，或者买10双鞋不买衣服。当然，她也可以同时买4件衣服和2双鞋，或者买1件衣服和8双鞋。总之，她可以有多种选择的组合。那么，娜娜购买衣服和拖鞋后，如何才能使她的总效用达到最大化呢？这就需要遵守消费者均衡原则。

1. 消费者均衡的概念

消费者均衡是指消费者通过购买各种商品以实现最大效用时，既不想再增加购买数量，也不想再减少购买数量时的相对静止状态。

消费者消费的目的是在既定的收入下通过购买各种商品的组合来实现效用最大化。消费者均衡就是消费者实现这一目的时的心理满足状态。如果消费者已经达到最满意的状态，他就不会改变他所购买的各种商品的组合状况；如果消费者的消费未能使他的效用最大化，他可能就会改变消费决策，调整购买各种商品的数量，直到使总效用达到最大化为止。

那么，在什么情况下才能使得花费一定量货币所购买的各种商品的总效用达到最大呢？为了回答这个问题，我们假定：

（1）消费者的偏好是既定的，也就是说，消费者对各种商品的效用和边际效用的评价是既定的；

（2）消费者决定买进各种商品 Q_1，Q_2，Q_3，…，Q_n，这些商品的价格 P_1，P_2，P_3，…，P_n 是已知的和既定的；

（3）消费者的收入 I 是既定的，这里还假定消费者的收入全部用来购买这几种商品。

于是问题归结为：消费者如何把有限的收入分配到各种商品的购买支出上才能获得最大的效用？也就是说，各种商品各购买多少才能使买进的 Q_1，Q_2，Q_3，…，Q_n 提供的效用总和达到最大？

若设各种商品的边际效用为 MU_1，MU_2，MU_3，…，MU_n，则消费者均衡的条件为：

$$\begin{cases} P_1 \times Q_1 + P_2 \times Q_2 + P_3 \times Q_3 + \cdots + P_n \times Q_n = I \\ \dfrac{MU_1}{P_1} = \dfrac{MU_2}{P_2} = \dfrac{MU_3}{P_3} = \cdots = \dfrac{MU_n}{P_n} \end{cases}$$

上述公式表示，消费者均衡的条件是：各种商品的边际效用与其价格之比都相等，也就是说，消费者花费每元钱所得到的各种商品的边际效用都相等。如果消费者花在某种商品上一元钱给他带来的边际效用大于其他商品的边际效用，那么，这还不是消费者均衡状况。这是因为若消费者重新调整各种商品的购买数量，比如，增加某种商品的购买量，减少其他商品的购买量，将会使他的满足程度增加。

2. 消费者均衡举例

娜娜用 500 元去购买衣服与拖鞋，衣服每件 100 元，拖鞋每双 50 元。设娜娜购买衣服 X 件，购买拖鞋 Y 双。那么，当 X 与 Y 各为多少时，娜娜才能实现效用最大化？

【分析】娜娜实现效用最大化的条件是：

$$\begin{cases} 100X+50Y=500 \\ \dfrac{\text{衣服的边际效用}}{\text{衣服的单价}}=\dfrac{\text{拖鞋的边际效用}}{\text{拖鞋的单价}}\left(\text{衣服每元支出的边际效用}=\text{拖鞋每元支出的边际效用}\right) \end{cases}$$

在娜娜的各种购买组合中，用于衣服和拖鞋每元支出的边际效用如表 3-4 所示。

表 3-4　娜娜用于衣服和拖鞋每元支出的边际效用

组合	衣服（100元/件）			拖鞋（50元/双）		
	数量 X	边际效用	$\dfrac{\text{衣服的边际效用}}{\text{衣服的单价}}$（每元支出的边际效用）	数量 Y	边际效用	$\dfrac{\text{拖鞋的边际效用}}{\text{拖鞋的单价}}$（每元支出的边际效用）
a	0	0		10	200	4
b	1	800	8	8	250	5
c	2	600	6	6	300	6
d	3	500	5	4	600	12
e	4	400	4	2	700	14
f	5	300	3	0	0	

从表 3-4 可以看出，当娜娜购买 2 件衣服和 6 双拖鞋时，即在组合 c 时，用于衣服和拖鞋的每元支出的边际效用相等，即为 6。因此，这时娜娜实现了效用最大化，即消费者均衡。

从表 3-4 还可以看出，用于衣服或拖鞋每元支出的边际效用和边际效用本身一样，也是随着衣服或拖鞋的消费量的增加而递减的。其原因在于，随着衣服或拖鞋的消费量的增加，从中获得的边际效用递减，而衣服或拖鞋的价格不变，这样，每元支出的边际效用当然就递减了。

3. 消费者均衡的启示

由以上的论述还可以看出，消费者为了使有限的收入获得最大效用，就必须合理分配收入，合理购买各种商品，避免某一种商品购买得太多或某一种商品购买得太少，因为购买得太多或太少都会降低甚至丧失边际效用，从而不能获得效用最大化。这就是消费者做出消费选择的第二个原则。

扩展阅读 3-4

有趣的消费者剩余和消费者均衡

娜娜的奶奶是一个很勤俭节约的人，买东西从来都很精打细算。在移动支付非常普及的今天，为控制总支出，她依然保持使用现金的习惯。某天，她带了 50 元现金去菜市场买菜，她在蔬菜摊购买菠菜、芹菜、西红柿、花菜、洋葱等共花了 43 元，钱包里只剩下 7 元钱。她还想买猪肉，可钱不够了，怎么办？她感觉菠菜、西红柿和洋葱买多了，于是找卖菜老板想退掉一些。因为是老顾客，卖菜老板很爽快地帮她退了 10 元钱的菜。娜娜奶奶于是又到猪肉摊买了 17 元钱的肉，心满意足地回家了。

娜娜奶奶带的钱是有限的，一共只有 50 元钱，她必须用这 50 元钱满足她对各种菜的需要。蔬菜花了她 43 元钱，随着购买量的增加，蔬菜的边际效用减少了。想买肉而钱不够了，这时肉的边际效用就增加了。由于每元钱用于购买菜和肉的边际效用并不相等，她的心理产生了不平衡感，所以想到去退一些蔬菜，以便重新将钱分配在菜和肉的购买上。后来她用退回来的 10 元钱以及剩下的 7 元钱购买了肉，这样，每元钱用于购买菜和肉的边际效用就相等了，实现了消费者均衡。

本章要点回顾

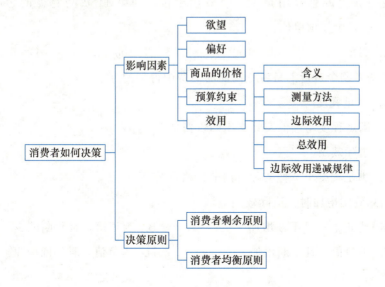

学以致用

一、单项选择题

1. "萝卜青菜,各有所爱"体现了效用的( )。
   A. 相对性   B. 同一性   C. 客观性   D. 主观性

2. "书到用时方恨少"体现了效用的( )。
   A. 相对性   B. 同一性   C. 客观性   D. 主观性

3. 在影响消费者行为的因素中,( )使得"甲之砒霜,乙之佳肴"成为可能。
   A. 欲望   B. 偏好
   C. 预算约束   D. 价格

4. 根据边际效用递减规律,同一种商品供给量的增加会引起消费者需求的降低。企业为了防止商品销售量下降,可采取的最佳措施是( )。
   A. 多做广告   B. 降低成本
   C. 产品不断创新   D. 促销

5. 随着商品消费量的增加,一般来说,消费者获得的( )。
   A. 总效用递减   B. 边际效用递减
   C. 边际效用递增   D. 边际效用不变

6. 如果消费者消费 10 块巧克力获得的总效用是 100 个效用单位,消费 11 块巧克力获得的总效用是 105 个效用单位,则第 11 块巧克力的边际效用是( )个效用单位。
   A. 112   B. 100   C. 105   D. 5

7. 消费者剩余是指消费者从商品的消费中得到的( )。
   A. 满足程度
   B. 满足程度超过他实际支出的价格部分
   C. 边际效用
   D. 满足程度小于他实际支出的价格部分

8. 当总效用增加时,边际效用应该( )。
   A. 为正值,且不断增加   B. 为正值,且不断减少
   C. 为负值,且不断增加   D. 为负值,且不断减少

9. 当你消费到第三个某商品时,它给你带来的边际效用为 0,你作为一名理性的消费者（　　）。

  A. 应该继续消费这种商品　　B. 后悔消费了这种商品

  C. 应该停止对这种商品的消费　　D. 以上都不对

10. 预算线反映了（　　）。

  A. 消费者的收入约束　　B. 消费者的偏好

  C. 消费者的人数　　D. 货币的购买力

二、多项选择题

1. 关于效用,下面哪一种说法是正确的?（　　）

  A. 效用是一种主观感受,因人而异

  B. 商品的效用大小没有客观标准

  C. 效用是消费商品得到的满足程度

  D. 商品价格高,其效用一定就大

2. 随着消费者消费商品数量的增加,以下说法正确的是（　　）。

  A. 边际效用递减　　B. 边际效用递增

  C. 边际效用会小于零　　D. 边际效用不会小于零

三、简答题

1. 什么是边际效用递减规律?
2. 边际效用递减规律对企业进行决策有何启示。

笔记:

四、案例分析题

（一）资料

表 3-5 所示为随着购买某商品数量的变化对应的总效用和边际效用。

表 3-5 随着购买某商品数量的变化对应的总效用和边际效用

购买数量	总效用	边际效用
0	0	
1	15	15
2		10
3	33	
4	40	
5		5
6	48	

（二）要求

1. 请把表 3-5 补充完整。

2. "一名理性的消费者在购买衣服时，只会购买一件，因为这一件衣服的边际效用最大。"你同意这个说法吗？请加以解释。

笔记：

第四章
企业如何决策

学习目标

【知识目标】↘

- 了解生产、生产要素的概念
- 理解企业的生产目标
- 掌握边际收益递减规律
- 理解规模经济及适度规模的含义
- 了解成本、利润的概念
- 了解市场结构的类型与特点

【技能目标】↘

- 能用边际收益递减规律、规模经济理论分析现实中的经济问题

【素养目标】↘

- 树立成本管理意识，养成勤俭节约的良好习惯

 案例导入

就业还是创业,娜娜该如何选择

娜娜即将大学毕业,她面临着是到公司就业还是自主创业的两难选择。

一是到某优秀企业做文员,年收入约 7 万元;

二是用自家临街店面开一间茶餐厅,预计年营业收入为 60 万元,每年茶餐厅的运营成本约为 48 万元。

经过反复比较,娜娜最终选择了自主创业开茶餐厅,她认为开茶餐厅会比去企业做文员收入更高。

 思考:

(1)如果你是娜娜,会如何选择?
(2)娜娜必须做好哪些筹备工作,才能让茶餐厅正常开业?
(3)茶餐厅投入越多,营业收入就会越多吗?
(4)茶餐厅开业后,会面临什么样的市场竞争?

 笔记:

第一节 企业生产及其目标

一、生产

经济活动主要包括两个环节:消费与生产。本章要介绍的是企业的生产过程及

相关决策。

在经济学中,生产是指一切能够创造和增加效用的人类活动。生产不仅包括有形的物质产品的生产,如制造一台电脑或一部手机,同时还包括提供各种无形的服务,如提供美容美发、法律咨询、导游等服务。

生产的主体是厂商,通常也称企业,是在市场上为生产和销售商品而进行决策经营的营利性组织。企业可以是一个个体生产者,也可以是一家规模巨大的公司。例如,小卖店是一家企业,中国的海尔集团也是一家企业。

扩展阅读 4-1

企业的组织形式

企业的组织形式通常有三种:个人独资企业、合伙企业和公司制企业。

1. 个人独资企业

个人独资企业也叫单人业主制企业,是指由一个人所有并经营的企业。其特点是所有者和经营者是同一个人,其经营有很大的自由度,只要不违法,如何经营全由业主自己决定。其缺点是由于个人资金有限,在市场上竞争能力弱,经营风险较大,要对企业债务承担无限责任等。我国很多个体户和私营企业属于此类企业。

2. 合伙企业

合伙企业是指由两个或两个以上合伙人共同拥有、共同经营的企业。在合伙企业中,合伙人对整个企业所欠的债务负有无限责任。合伙企业往往内部产权不明晰,责、权、利划分不清,合伙人容易在利益分配和决策方面产生分歧,从而影响企业发展。这类企业主要存在于一些法律规定必须采用合伙制的行业,如会计师事务所、律师事务所等。

3. 公司制企业

公司制企业又称股份制企业,它是由投资者(股东)共同所有,并由职业经理人经营的企业。在公司制企业中,每个股东拥有股份的数量决定了他在公司的责、权、利。

公司制企业的优点:①每个股东仅以自己的股份数量承担有限的责任;②公

经济学基础（第四版）

司所有权和经营权相分离，由职业经理人实行专业化管理，能有效提高管理效率；③融资渠道较多，更容易筹集所需资金。

公司制企业的缺点：①组建公司的成本较高；②存在代理问题，所有者是委托人，经营者是代理人，代理人可能为了自身利益而伤害委托人利益。

二、生产要素

生产要素是指在生产中所使用的各种经济资源。生产是一个投入生产要素，产出产品的过程。生产要素包括劳动、土地、资本和企业家才能四类。

1. 劳动

劳动是指劳动者在生产过程中所提供的劳务，包括体力劳动和脑力劳动。使用者为了得到劳动，需要支付一定的费用，在经济学中称为工资，也就是劳动的价格。

2. 土地

经济学中的土地是一个广义的概念，是指生产中所使用的各种自然资源，不仅包括土地，还包括山川、河流、森林、矿藏等一切自然资源。土地可以给生产提供场所、原料和动力。在我国，土地是国有的，土地的使用须经国家相关部门审批。使用者为了得到土地，需要支付一定的费用，在经济学中称为租金，也就是土地的价格。

3. 资本

资本是指生产过程中所使用的资金，包括无形的人力资本和有形的物质资本。前者是指劳动者的身体、文化、技术状态，后者是指生产过程中使用的各种生产设备、厂房等。在生产理论中，资本通常指的是后一种，即物质资本。使用者为了得到一定的资本，需要支付一定的费用，在经济学中称为利息，也就是资本的价格。

4. 企业家才能

企业家才能是指企业家经营企业的组织能力、管理能力与创新能力。在生产相同数量的产品时，可以多用资本少用劳动，也可以多用劳动少用资本。但是，劳动、土地和资本三要素必须予以合理组织，才能充分发挥生产效率，因此，为了进行生产，还要有企业家将这三种生产要素组织起来。在同等条件下，企业由不同企业家来经营，其结果常常有很大的差别，这就表明了企业家才能这个要素在生产中的重要作用。在现代企业，有些企业家是所有者自己，有些是职业经理人，他们获取的报酬往往比普通的劳动者要高出很多，经济学中称之为正常利润。

> **扩展阅读 4-2**
>
> **企业家所具有的特殊精神和特质**
>
> （1）企业家是梦想家。企业家对人生都充满梦想与激情，对周围发生的一切有着一颗永无止境的好奇心。他们从不满足于现状，有征服世界、超越他人、成就事业的强烈欲望。
>
> （2）企业家是冒险家。企业家对市场商机有着超人的洞察力，他们具有冒险精神，敢于标新立异，敢做常人不曾想、他人不敢做的事情。在企业家眼中，无论何时何地，都始终充满商机。
>
> （3）企业家是执着者。企业家具有一种为实现梦想而奋力拼搏的执着精神，他们对自己的事业充满自信，在挫折面前坚韧不拔、永不放弃。
>
> （4）企业家是创新者。一个企业要想在竞争的漩涡中立于不败之地，就必须创新，创新能力决定竞争能力。企业家是一个创新的族群，创新铸就了企业家的灵魂。

三、生产函数

在一定技术水平下，生产过程中投入的各种不同生产要素的数量与生产出来的产品数量之间存在着一定的依存关系，即投入一定数量的生产要素，就会获得一定数量的产出。例如，生产手机的厂商投入劳动、土地、机器、原材料和技术等，经过特定的生产活动，就可以生产出一定数量的手机。投入与产出的这种关系可以用函数形式表示出来，这个函数就是生产函数。它表示在既定技术条件下，所投入的生产要素的数量与所能生产出来的最大产量之间的关系。

若 Q 代表产量，L、K、N、E 分别代表劳动、资本、土地、企业家才能这四种生产要素，则生产函数的一般形式为：

$$Q = f(L, K, N, E)$$

在分析生产要素与产量的关系时，由于土地是较为固定的，而企业家才能难以

测算,因此,一般把生产函数简化为:

$$Q=f(L,K)$$

20世纪30年代初,美国经济学家C.柯布与P.道格拉斯根据美国1899—1922年的工业生产统计资料,得出了这一时期美国的生产函数(被称为柯布-道格拉斯生产函数):

$$Q=1.01L^{0.75}K^{0.25}$$

这说明,在生产中,劳动所做出的贡献为全部产量的3/4,资本所做出的贡献为全部产量的1/4。

四、生产周期

在生产过程中投入的生产要素,有些是较容易改变的,其投入量随着产量的变化而变化,如劳动、原材料等。而厂房、机器设备等固定资产则难以迅速改变,在一定时期内其投入量不随产量的变化而变化。根据生产要素是否可以调整,经济学里把生产周期划分为长期和短期。在划分长期和短期的基础上,又相应地把投入的生产要素分为不变生产要素和可变生产要素。

1. 长期和短期

经济学里所说的"长期""短期"不是指一个具体的时间跨度,而是指企业能否来得及调整全部生产要素的时期。长期是指生产者可以根据产量的增减调整全部生产要素投入数量,对生产进行调整的时间周期。短期是指生产者来不及调整全部生产要素投入数量,只能调整部分生产要素投入数量的时间周期。在短期内,生产者能够调整的只有员工人数、原材料等要素,而厂房、机器设备等都只能保持不变。不同的行业,短期和长期的时间长度是不同的。例如,一家汽车生产企业的长期可能是几年,而一家超市的长期可能只是几周甚至几天。

2. 不变生产要素和可变生产要素

在短期内,投入的生产要素可以分为不变生产要素和可变生产要素。生产者在短期内无法进行数量调整的那部分生产要素是不变生产要素,如机器设备、厂房等;生产者在短期内可以进行数量调整的那部分生产要素是可变生产要素,如劳动、原材料等。

在长期内,生产者可以调整全部的生产要素。比如,生产者根据企业的经营状况,可以缩小或扩大生产规模,也可以加入或退出一个行业的生产,因此不存在可变生产要素和不变生产要素的区别。

五、生产目标

企业被假定为合乎理性的经济人。作为消费者的经济人，其追求的是自身效用的最大化；而作为生产者的企业，其追求的是自身利润的最大化。

如果你要办一个企业，无论是做大公司的总经理还是小企业的小老板，一般而言，你在经营活动中要考虑以下三个问题：

第一，投入的生产要素与产量的关系，即如何在投入的生产要素既定时使产量最大，或者在产量既定时使投入的生产要素最少。

第二，成本与收益的关系，即要使利润最大化，就要进行成本-收益分析，就要使扣除成本后的收益达到最大化。

第三，市场问题。市场有各种状态，即竞争与垄断的程度不同，当市场处于不同的状态时，应思考如何确定自己产品的产量与价格。

第二节　企业投入的生产要素与产量的关系

企业的生产过程是一个投入、产出的过程。企业投入的生产要素越多，产量就会越多吗？下面我们就来分析企业投入的生产要素与产量的关系。由于生产周期分为短期和长期，因此，我们也相应地从短期和长期两种情况来研究投入的生产要素与产量的关系。

一、短期生产中投入的生产要素与产量的关系

在分析短期生产中投入的生产要素与产量的关系时，我们所要研究的问题是：假定资本量不变，劳动量投入的增加对产量的影响；或者假定劳动量不变，资本量投入的增加对产量的影响。

以下假定资本量不变，我们来分析劳动量投入的增加对产量的影响，以及劳动量投入多少最合理。

1. 总产量、边际产量及其相互关系

为了分析一种生产要素变动与产量的关系，需要了解总产量与边际产量的概念。

总产量（Total Product，TP）是指用一定量的某种生产要素所生产出来的全部产量。这时假设其他生产要素的投入数量固定。

边际产量（Marginal Product，MP）是指每增加或减少一单位某种生产要素的投入量所带来总产量的变化量。

现假定资本量投入不变，那么总产量与边际产量之间存在什么关系？随着劳动量投入的增加，它们又会有怎样的变动趋势呢？下面通过一个例子来分析这些问题。

例如，某印刷厂拥有3台印刷机（资本不变），每台印刷机需要1名工人操作，现正在印刷一批大学教材。

开始只有1名工人时，由于他既要操作印刷机，又必须亲自做许多辅助工作，如搬运原料纸张、油墨等，效率很低，日产量只有13个单位（每个单位为100本）。

当工人数量增加到2名时，两个人就可以进行协作，协作可以提高生产效率，日产量提高到30个单位，边际产量为17个单位。

当工人数量增加到3名时，可以每人操作一台印刷机，生产效率进一步提高，日产量达到50个单位，边际产量为20个单位。

当工人数量增加到4名时，日产量达到65个单位，边际产量为15个单位。因为新增的第4名工人可以专做搬运辅助等工作，总产量可以继续增加，但增加第4名工人所带来的边际产量少于增加第3名工人所带来的边际产量。

当工人数量增加到5名时，第5名工人可能是个替换工，即当其他工人需要休息或生病时由他来替代。此时，日产量为67个单位，但边际产量只有2个单位。

当工人数量增加到6名时，第6名工人则无事可做，边际产量为0。

当工人数量增加到7名时，因为工人太多，一些工人因无活可干或到处闲逛，或与其他工人发生矛盾，导致日产量减少到65个单位，边际产量为－2个单位。

以上所讨论的劳动力投入增加时的总产量与边际产量如表4-1所示。

表4-1 劳动力投入增加时的总产量与边际产量

劳动量/人	总产量/单位	边际产量/单位
0	0	0
1	13	13
2	30	17
3	50	20
4	65	15

续表

劳动量/人	总产量/单位	边际产量/单位
5	67	2
6	67	0
7	65	−2

根据表 4-1 所示数据，可以做出短期生产中的总产量与边际产量曲线，如图 4-1 所示。其中，横轴 L 代表劳动量，纵轴 Q 代表产量。

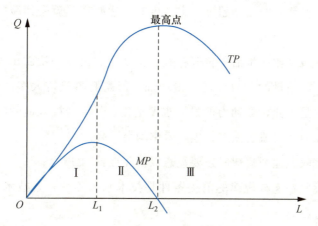

图 4-1　短期生产中的总产量与边际产量曲线

课堂讨论

从表 4-1 和图 4-1 可以看出总产量与劳动量、边际产量之间存在什么关系？

笔记：

提示：

根据表 4-1 和图 4-1，我们可以看出：

第一,在资本量不变的情况下,随着劳动这一生产要素的增加,总产量曲线与边际产量曲线都是先上升后下降。

第二,当边际产量 $MP>0$ 时,总产量递增;当边际产量 $MP=0$ 时,总产量达到最大;当边际产量 $MP<0$ 时,总产量递减。

2. 边际收益递减规律

边际收益递减规律是指在技术水平不变的情况下,保持其他生产要素投入量不变,只增加其中一种生产要素的投入量,最初这种生产要素的增加会使边际产量增加,但当这种生产要素的增加超过一定限度时,边际产量就会递减,最终还会使总产量递减。

边际收益递减规律在生活中普遍存在。例如,农民在一块农田里种小麦,不施肥,产量较低;施适量的肥料会使产量增加;但是肥料施得太多,产量又会减少。在工业生产中也是如此,劳动力的投入也要适度:劳动力投入适量时,生产效率最高;若投入劳动力太少或者太多,生产效率均会下降。

在理解边际收益递减规律时还要注意以下几点:

第一,边际收益递减规律的前提条件是技术水平不变;若技术水平发生变化,这个规律就不存在。

第二,在其他生产要素不变时,一种生产要素投入量的增加所引起的产量变化可以分为三个阶段:

第一阶段(图 4-1 的 I 区域),总产量和边际产量均递增,即劳动这种可变生产要素投入量的增加使总产量增加。这是因为,在开始时,不变的生产要素没有得到充分利用,这时增加可变的生产要素劳动,可以使不变的生产要素得到充分利用,从而使产量递增。

第二阶段(图 4-1 的 II 区域),总产量递增,边际产量递减,即劳动这种可变生产要素的增加仍可使总产量增加,但增加可变的每一单位生产要素的边际产量是递减的。这是因为,在这一阶段,不变生产要素已接近于充分利用,劳动的增加已不能像第一阶段那样使产量迅速增加。当劳动的边际产量 $MP=0$ 时,总产量 TP 达到最大。

第三阶段(图 4-1 的 III 区域),边际产量 $MP<0$,总产量递减,即这时劳动的增加使总产量递减。这是因为,这时不变生产要素已经得到充分利用,再增加劳动只会降低生产效率,减少总产量。

从以上分析可以看出，理性决策的企业总是选择第二阶段的某一产量，而不会选择第一阶段或第三阶段。因为在第一阶段，企业增加可变生产要素劳动的投入有利可图，因此企业必定会增加劳动投入，从而进入第二阶段。在第三阶段，企业增加劳动投入反而会减少产出，因此必定会减少劳动投入，导致回到第二阶段。企业究竟选择第二阶段的哪一个产量可取得最大利润呢？这要视各企业的具体情况而定。

（一）资料

娜娜家有一个大菜园，里面种植了水果和蔬菜，以便在当地市场售卖。娜娜说："夏天，我雇用了一个放暑假的大学生帮我，菜园中水果和蔬菜的产量翻了一番。明年夏天，我将雇用三四个帮手，这样产量将增加三四倍。"

（二）讨论

1. 如果第二年夏天，娜娜雇佣的帮手数量翻一番，那么她的菜园中水果和蔬菜的产量还会再翻一番吗？

2. 娜娜雇用的工人越多，其收益就会越大吗？

 笔记：

二、长期生产中投入的生产要素与产量的关系

在长期生产过程中，所有投入要素的数量都可以发生变化。我们要研究当资本与劳动这两种生产要素都发生变动时，二者如何组合才能在产量既定的情况下实现成本最小，或在成本既定的情况下获得最大产量。要解决这一问题，涉及经济学中的两个重要规律：规模经济和适度规模。

1. 规模经济

规模经济是指在生产技术不变的条件下，当资本与劳动这两种生产要素按同比

例增加,即生产规模扩大时,最初这种变动会使产量的增加大于生产规模的扩大,但当生产规模的扩大超过一定限度后,则会使产量的增加小于生产规模的扩大,甚至使产量减少,出现规模不经济。

资本与劳动这两种生产要素同比例增加所引起的产量变动情况,一般要经历以下三个阶段:

(1) 规模收益递增

例如,某电脑生产企业把劳动和资本都增加100%,在这一阶段,电脑产量的增加大于100%,即产量增加的幅度大于生产规模扩大的幅度。

(2) 规模收益不变

在产量增加的幅度大于生产规模扩大的幅度后,若企业继续扩大生产,产量增加的幅度将会等于生产规模扩大的幅度。例如,上述电脑生产企业把劳动和资本都再增加100%,在这一阶段电脑的产量也增加100%,即产量增加的幅度等于生产规模增加的幅度。

(3) 规模收益递减

经历了规模收益不变阶段后,如果企业继续扩大生产,则产量增加的幅度将会小于生产规模扩大的幅度。例如,上述电脑生产企业在规模收益不变阶段再把劳动和资本都增加100%,则产量的增加将小于100%,即收益增加的幅度小于生产规模扩大的幅度。

产生规模收益递减的主要原因是,当企业的生产规模变得越来越大时,生产的各个方面难以得到协调,从而降低了生产效率,最终就会导致企业的规模收益递减。

2. 适度规模

从以上的分析来看,一家企业和一个行业的生产规模不能过小,也不能过大,即要实现适度规模。

适度规模就是使各种生产要素得到最优组合和有效运行,取得最佳经济效益时的生产规模。对于不同行业的企业,适度规模的大小是不同的,而且没有一个统一的标准。

企业在确定适度规模时,主要应考虑以下几个因素:

(1) 行业的技术特点

一般来说,若行业所需要的投资量大、所用的设备复杂、技术比较先进,则其适度规模也较大。例如,汽车制造、船舶制造等行业,其生产规模越大,经济效益一般也越高。相反，若行业需要投资少、所用设备比较简单，则其适度规模就较小。例如，服装业、餐饮业等，这类行业的生产规模越小，就越能灵活地适应市场需求的变动，所以其适度规模都比较小。

（2）市场条件

一般来说，市场需求量较大，且生产标准化程度高的企业（如汽车制造企业）的适度规模就比较大；相反，市场需求量较小，且生产标准化程度低的企业（如餐饮企业）的适度规模就比较小。

（3）自然资源状况

一般来说，矿山储藏量的大小、水力发电站水资源的丰裕程度等都可以反映出自然资源的状况。在确定适度规模时，企业应考虑的自然资源因素还有很多，如气候条件、能源供给情况、原料供给情况等。

在不同的国家和地区，由于经济发展水平、资源、市场等条件存在差异，因此即使同一行业，其规模经济的大小也不完全相同。

企业到底是"大的是美好的"，还是"小的是美好的"？

 笔记：_____

_____

_____

_____

第三节　成本与利润

一、成本

1. 生产成本

企业的生产成本又称生产费用，是指企业生产产品时因使用生产要素而应支付的代价。生产要素包括劳动、土地、资本和企业家才能四种基本形式。企业为获得劳动而支出的费用是工资,为获得资本而支出的费用是利息,为获得土地而支出的费用是租金,为获得企业家才能而支出的费用是正常利润。因此,生产成本由工资、利息、租金和正常利润四部分组成。

2. 机会成本

资源是有限的,一种资源可能有多种用途,而将其用到不同用途所能取得的收益不尽相同。当把某种资源用于某一特定用途时,便失去了将它用于其他用途可能获得的收益,所放弃的收益中最大的收益就是将该资源用于这一特定用途的机会成本。

例如,娜娜有10万元资金,可供选择的用途及获得的收益分别是:开奶茶店可获利3万元,开书店可获利4万元,开服装店可获利5万元。若娜娜选择开奶茶店,就要放弃开书店和开服装店的机会;若选择开书店,就必须放弃开奶茶店和开服装店的机会。若最终娜娜选择开服装店,则其获利5万元的机会成本就是放弃开书店的获利4万元(开奶茶店与开书店中获利最大的)。

应注意的是,机会成本不同于生产成本,它不是实际需要支付的成本,而是一种观念上的损失。

在我们做出任何决策时,都要使收益大于或至少等于机会成本,如果机会成本大于收益,则这项决策从经济学的角度来看就是不合理的。也就是说,在做出某项决策时,不能只考虑获利的情况,还要考虑机会成本。只有这样,才能使决策最优化。

扩展阅读 4-3

读高职的机会成本

读高职是有成本的。假定目前每位在校学生三年的学杂费、生活费等各种支出为6万元。除了这6万元,还有机会成本。为了读高职,要放弃工作的机会,因放弃工作而损失的工资收入就是读高职的机会成本。

例如，一个人若不读高职而去工作，每年可得到 4 万元，那么三年的机会成本就是 12 万元。读高职的代价就是三年的费用 6 万元加上机会成本 12 万元，共计 18 万元。

那为什么多数人在高中毕业后都会选择继续上学呢？通常情况下，继续上学可提高将来的工作能力，从而使将来工作后获得更高的收入。假设没上过大学的人，每年收入为 4 万元，自 18 岁工作到 60 岁退休的 42 年中，共计收入 168 万元。上过三年高职的人，一年收入为 8 万元，自 21 岁工作到 60 岁退休，39 年共计收入 312 万元。上大学的人一生总收入比没上大学的人高出 144 万元。用 144 万元减去读高职的费用和机会成本之和 18 万元，等于 126 万元。此外，上了大学后还会有更多的升迁机会，其未来收入有可能会更高。

思考：

结合自己的情况分析，你上大学的机会成本是多少？

笔记：

3. 显性成本和隐性成本

（1）显性成本

显性成本也称会计成本，是企业会计账目上作为成本项目计入账上的各项支出费用，是企业在生产要素市场上购买或租用生产要素的实际支出。由于这些成本在账目上是一目了然的，所以称为显性成本。显性成本包括雇用工人支付的工资，从银行贷款须支付的利息，租用土地支付的租金，购买原材料、燃料、其他办公用品以及运输等方面的支出。

（2）隐性成本

隐性成本是指企业使用自有资源所应该支付的费用，因为这些费用并没有在企业的会计账目上反映出来,所以被称为隐性成本。例如,为了进行生产,企业除了雇用一定数量的工人、从银行取得一定数量的贷款和租用一定数量的土地之外(这些均属于显性成本),还动用了自己的资金和土地,并派人管理企业。经济学家认为,既然借用他人的资本需支付利息,租用他人的土地需支付地租,聘用他人来管理企业需支付工资,那么,同样道理,当企业使用自有生产要素时,自己也应该得到报酬。所不同的是,对于隐性成本,企业是自己向自己支付利息、租金和工资。

在经济学中,一般把显性成本和隐性成本之和称为总成本或经济成本。

二、利润

经济学中的利润主要分为会计利润和经济利润。

1. 会计利润

$$会计利润 = 总收益 - 会计成本(显性成本)$$

式中,总收益=销售量×产品价格。

2. 经济利润

$$\begin{aligned}经济利润 &= 总收益 - 经济成本 \\ &= 总收益 - (显性成本 + 隐性成本) \\ &= (总收益 - 显性成本) - 隐性成本 \\ &= 会计利润 - 隐性成本\end{aligned}$$

从上面的公式可以看出:企业的经济利润小于会计利润,企业有会计利润未必有经济利润。企业所追求的最大利润,指的就是最大的经济利润。

第四节 市场结构及其特点

对于一家企业而言,最终决定其利润的,并不是生产多少产品,而是可以销售多少产品,以及以什么样的价格售出。影响企业产品的销售量及价格的,除了消费者对该商品的需求之外,还有整个市场上该产品的供给情况。这个供给情况是由市场上许多同类商品及相关商品的厂商共同决定的。因此,企业在进行决策时,不能忽略自身所处的市场结构。

这里所说的市场,特指为了买卖某些商品而与其他厂商和个人相联系的一群厂商和个人。商品特质的差异会使得不同的市场之间也存在着差异,从而形成不同的市场结构。按照市场上厂商的数目、商品性质、进入限制、厂商对价格的影响等因素,我们可以把市场结构分为完全竞争市场、完全垄断市场、垄断竞争市场和寡头垄断市场四种。本节主要分析不同市场结构的特点。

一、完全竞争市场

完全竞争又称纯粹竞争,完全竞争市场是指竞争不受任何阻碍和干扰的一种市场结构。完全竞争市场必须具备以下四个条件:

1. 市场上有大量的生产者和消费者

由于市场上有众多商品生产者和消费者,其中某个生产者的供应量或某个消费者的需求量在市场中所占比重都极小,因此,任何一个生产者(或消费者)增加或减少供给量(或需求量),对整个市场来说是微不足道的。这样,无论哪个生产者或消费者都无法决定、影响和控制商品的市场价格,他们只能是市场价格的接受者。

2. 同一行业内不同厂商的产品具有同质性

同一行业内不同厂商的产品具有同质性,不仅是指产品的质量、性能等无差距,还指产品的销售条件、包装等方面也相同,没有好坏高低之分,不同厂商的产品完全可以互相替代。因此,对消费者而言,购买哪一个厂商的产品都是一样的。

3. 厂商进入或退出一个行业是完全自由的

每个厂商都可以按照自己的意愿自由进入或退出某个行业,而没有任何障碍,所有的资源都可以在各行业之间自由流动。厂商总能够及时进入获利行业,及时退出亏损行业。这样,效率较高的厂商可以吸引大量的投入,效率低的厂商会被市场淘汰。

4. 每个生产者与消费者都拥有完全信息

市场中的每一个生产者和消费者都掌握与自己决策、市场交易相关的全部信息,也就是说,消费者知道商品的真正价格,不会在更高的价格时购买,生产者也不可能以高于真正价格的价格卖出。生产者对其产品的成本和价格也掌握有充分的信息,会在最佳的生产规模上从事生产,从而获得最大的经济利益。

显然,在现实的经济中没有一个市场真正满足以上四个条件,通常只是将某些农产品市场看成比较接近的完全竞争市场类型。

完全竞争市场作为一个理想经济模式有助于我们进行不同市场结构的比较。

二、完全垄断市场

完全垄断又称独占、卖方垄断或纯粹垄断。完全垄断市场是指一家企业控制了某种产品全部供给的市场。完全垄断市场必须符合以下四个条件：

1. 企业数目唯一，并控制了某种产品的全部供给

在完全垄断市场中垄断企业排斥其他的竞争对手，独自控制了某种商品的供给。由于整个行业仅存在唯一的供给者，因此企业就是行业。

2. 垄断企业是市场价格的制定者

在完全垄断市场中，由于垄断企业控制了整个行业的供给，因此垄断企业也就控制了整个行业的商品价格，成为价格的制定者。

3. 垄断企业的产品不存在任何相近的替代品

如果存在相近的替代品，其他企业就可以通过生产替代品来代替垄断企业的产品，垄断企业就不可能成为市场上唯一的供给者。在完全垄断市场中，消费者没有其他的选择。

4. 其他任何企业进入该市场都极为困难或不可能进入该市场

完全垄断市场存在进入障碍，其他企业难以或完全不可能进入该市场。

完全垄断市场和完全竞争市场一样，都只是一种理论假定，现实中绝大多数产品都具有不同程度的替代性。

三、垄断竞争市场

垄断竞争市场是指有许多厂商在市场中销售相似但不完全相同的产品的一种市场结构。这种市场既具有垄断的因素，又存在着激烈的竞争。因此，它是一种介于完全垄断市场和完全竞争市场之间的一种市场组织形式。

1. 垄断竞争市场的基本特征

(1) 市场中存在着较多的厂商

在垄断竞争市场中，每一个厂商在市场中所占的份额都很小，对市场的影响几

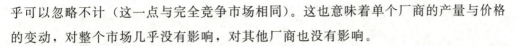

乎可以忽略不计（这一点与完全竞争市场相同）。这也意味着单个厂商的产量与价格的变动，对整个市场几乎没有影响，对其他厂商也没有影响。

（2）不同厂商所生产的产品是有差距的

产品差距是指同类产品在价格、外观、性能、质量、构造、颜色、包装、形象、品牌、服务、商标及广告等方面存在差距。这些差距可以满足不同消费者的独特偏好。例如，不同手机的外观设计差异满足了消费者对手机外观的不同偏好。

（3）企业进入或退出该市场都比较容易

一般来说，垄断竞争市场中的企业主要是经营日用工业品、手工业品、零售品及维修服务业等的企业，这些企业的规模都不太大，因而进出行业的障碍不大。

2. 垄断竞争市场中的企业战略

在垄断竞争市场中，由于产品具有相似性，因此企业之间存在非常激烈的竞争。但是，由于产品又有差异，也使得不同企业的产品拥有自己忠实的客户群，从而形成小范围的轻度垄断。因此，对于新产品而言，要在该市场立足，就必须考虑两个问题：一是如何从其他成熟企业手中夺取部分市场，二是如何培养相对稳定的客户群。

企业间的竞争包括三个方面：价格的竞争、产品的竞争和售后服务的竞争。对于新企业而言，选择价格战通常成本较高，而选择营造产品差异化的竞争模式，以及完善售后服务方面的竞争相对更为有利。

 **课堂讨论**

（一）资料

近年来，餐饮行业继续保持了稳健的发展势头，行业规模不断扩大，市场竞争也日趋激烈。一方面，虽然大型连锁餐饮企业体量较大，继续保持市场份额的领先地位，但基于餐饮行业数以万亿计的规模，行业内的市场集中度不高，小型餐饮企业也能在市场中占有一席之地；另一方面，随着互联网的普及，线上外卖平台成为餐饮企业竞争的新战场。此外，消费者对品牌的认知度和口碑评价也成为影响餐饮企业竞争的重要因素。随着00后消费群体的崛起，个性化餐饮和创意餐饮将成为新的市场增长点。

（二）讨论

1. 小型餐饮企业面对的是一种什么类型的市场？

2. 如果让你来筹办一家餐厅，你会重点考虑哪些因素？

笔记：

四、寡头垄断市场

寡头垄断又称寡头。寡头垄断市场是指少数几个厂商控制了某一行业供给的一种市场结构。寡头垄断市场被认为是一种较为普遍的市场组织。在现实生活中，很多行业都具有这种特征，如石油、钢铁、电信、航空、汽车制造等行业。

1. 寡头垄断市场的基本特征

（1）厂商规模巨大且数量很少。在寡头垄断市场，厂商的数目屈指可数，但买者众多，厂商在一定程度上控制着产品价格和绝大部分的市场份额。

（2）产品差别可有可无。寡头垄断厂商提供的产品可以是相同的，也可以是有差别的。因此，寡头垄断市场又分为无差别寡头垄断市场和有差别寡头垄断市场。

（3）新厂商进入该市场存在障碍。由于规模经济或者政府的产业政策等原因，新厂商进入该市场比较困难。

（4）各厂商的行为相互影响。在寡头垄断市场，单个厂商行为变动的结果具有不确定性，每一个厂商与其对手之间都有着价格和产量变动上的相互影响。那么，厂商如何作出决策呢？在该市场中，厂商作出决策时需要考虑与对手博弈可能出现的各种结果。

2. 寡头垄断市场的优点

第一，可以实现规模经济，从而降低成本，提高经济效益。

第二，有利于科技进步。各个厂商为了在竞争中获胜，就要提高生产效率，创造新产品，这在一定程度上能促进技术创新和科技进步。

3. 寡头垄断市场的弊端

在寡头垄断市场中，各个厂商之间如果进行勾结，往往会抬高产品的市场价格，消费者的利益和社会经济福利便会受损。

> **扩展阅读 4-4**
>
> **三大电信运营商 5G 套餐用户突破 14 亿户**
>
> 截至 2024 年 4 月底，我国三大电信运营商 5G 套餐用户数累计超过 14 亿户。其中，中国移动、中国电信与中国联通 5G 套餐用户分别达到 7.99 亿户、3.32 亿户、2.71 亿户。这意味着我国 5G 网络覆盖范围逐步扩大，5G 个人用户的普及率持续提升。①
>
> 2023 年，我国三大电信运营商共实现营业收入 18897 亿元，合计实现净利润 1704 亿元，日赚 4.6 亿元。②

 思考：

1. 我国三大电信运营商面对的是什么样的竞争市场？
2. 我国三大电信运营商 5G 套餐采用了什么样的定价策略？

 笔记：

---

① 三大运营商 5G 套餐用户累计超 14 亿户[EB/OL]．(2024-5-20)[2024-6-17]．https：//baijiahao.baidu.com/s? id=1799568238308584029＆wfr=spider＆for=pc．
② 国内三大运营商披露去年业绩 新兴业务成业绩亮点[EB/OL]．(2024-3-27)[2024-6-17]．https：//www.workercn.cn/c/2024-03-27/8201547.shtml．

本章要点回顾

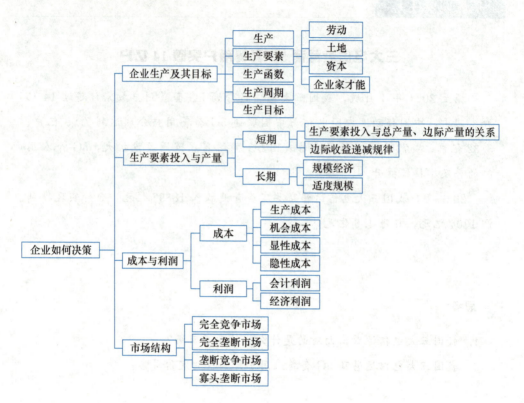

学以致用

一、单项选择题

1. 企业追求的目标是（　　）。

    A. 收入最大化　　　　　　　　B. 效用最大化

    C. 利润最大化　　　　　　　　D. 社会收益最大化

2. 以下属于不变生产要素的是（　　）。

    A. 由于生意较好，甲餐馆多雇用了 5 个临时工

    B. 由于去年企业利润有所提升，乙公司决定为每位职工发放 3000 元奖金

    C. 丙公司拥有一辆离报废还有两年的小货车

    D. 丁先生大量收购棉花用来做冬衣

3. 根据边际收益递减规律，当其他生产要素投入不变时，随着对某种生产要素的连续投入，产量会（   ）。

   A. 连续增加　　　　　　　　　　B. 连续减少

   C. 先增加后减少　　　　　　　　D. 先减少后增加

4. 下列说法中，哪个选项直接涉及机会成本？（   ）

   A. 小张花 5 元钱买了一块巧克力

   B. 小李放弃了出国留学的机会到西部山区当了一名小学教师

   C. 小王中午吃太饱导致肚子不舒服

   D. 小赵的妈妈来学校看他

5. 下列说法中，属于隐性成本的是（   ）。

   A. 小张以 200 元的月租租了一间民房当作仓库

   B. 小李用借来的 3 万元钱买了个面包车搞货运

   C. 小王用自家店面开茶餐厅

   D. 小赵为提高服装店的收益，向银行贷款 5 万元扩大了服装店的规模

6. 关于经济成本与会计成本，下列说法正确的是（   ）。

   A. 会计成本包括经济成本

   B. 经济成本包括会计成本

   C. 经济成本与会计成本并无联系

   D. 以上说法均不正确

7. 关于经济利润与会计利润，下列说法正确的是（   ）。

   A. 企业有经济利润就一定有会计利润

   B. 企业有会计利润就一定有经济利润

   C. 企业不可能同时取得会计利润和经济利润

   D. 以上说法均不正确

8. 最需要进行广告宣传的市场是（   ）

   A. 完全竞争市场　　　　　　　　B. 完全垄断市场

   C. 垄断竞争市场　　　　　　　　D. 寡头垄断市场

9. 小麦市场属于（   ）。

   A. 完全垄断市场　　　　　　　　B. 垄断竞争市场

   C. 完全竞争市场　　　　　　　　D. 寡头垄断市场

10. 手机市场属于（　　）。

  A. 完全垄断市场   B. 垄断竞争市场

  C. 完全竞争市场   D. 寡头垄断市场

二、多项选择题

1. 生产要素是指生产过程中所投入的各种经济资源，包括（　　）。

  A. 资本   B. 劳动

  C. 土地   D. 企业家才能

2. 按竞争与垄断的程度，可将市场分为（　　）市场。

  A. 完全竞争   B. 完全垄断

  C. 垄断竞争   D. 寡头垄断

三、简答题

1. 什么是生产要素？

2. 什么是边际产量递减规律？

3. 什么是规模经济？

4. 某公司准备扩大生产，可供其筹资的方式有两种：一种是向银行贷款，另一种是使用企业现在资金。这家公司的经理认为应该选择后者，理由是不用支付利息，因而比较划算。你认为他的选择正确吗？为什么？

5. 娱乐市场竞争激烈，可是每位歌星、影星都有自己的粉丝群体。你认为娱乐市场属于哪种类型的市场结构？根据这一市场的特点，你认为歌星、影星比较适宜采取什么样的竞争方式？

 笔记：

四、案例分析题

（一）资料

1. 据统计，2023 年全球智能手机出货量为 11.7 亿部，同比减少 3.2%，创下了 10 年来出货量新低。[①] 市场增速放缓主要有两方面原因：一是手机使用寿命延长，产品功能日趋完善，性能对于大多数用户来说普遍"过剩"，居民平均换机周期不断拉长；二是各品牌智能手机整体差异越来越小，同质化严重，超过 80% 的手机有着惊人的"雷同"之处。

2. 相比需求低迷的整体智能机市场，折叠屏手机的销量却在逆势增长。在功能上，它集智能手机和平板电脑于一身，能更好地满足居民便捷移动、商务办公、互动娱乐等多元化场景需要。标志性创新令其跳出同质竞争，激活新需求。

（二）要求

1. 购买智能手机，你主要考虑哪些因素？

2. 智能手机市场竞争激烈，面对苹果、三星等传统强势手机品牌，中国的小米、OPPO、华为、vivo 等国产手机异军突起。请分析手机厂商面临什么样的竞争市场。

3. 选择你熟悉的手机品牌，分析其成功或失败的原因。

笔记：

[①] 孙文轩. 2023 年全球智能手机市场同比下降 3.2% 苹果超三星[EB/OL]. (2024-01-17)[2024-6-14]. https://www.bjnews.com.cn/detail/1705439196168819.html.

第五章
市场是万能的吗

 学习目标

【知识目标】

- 了解市场失灵及其表现形式
- 理解公共物品与外部性的含义
- 理解贫富差距与基尼系数的含义
- 掌握政府干预市场失灵的手段

【技能目标】

- 能正确分析身边存在的市场失灵现象

【素养目标】

- 深刻理解共同富裕与人人参与、人人奋斗的关系

 **案例导入**

幸福村为何不幸福了？

娜娜所在的幸福村有一块公共草地，这里四面环山，曾经苍翠拥绕、碧草青青，最适宜奶牛养殖。在几户村民率先养殖奶牛致富之后，其他村民纷纷效仿，全村人都因为养殖奶牛一起过上了幸福生活。

可是好景不长，三年后，幸福村的村民们遇到一个难题：公共草地能容纳养殖奶牛的最佳数量为1000头，但村民们养殖的奶牛已达到1600头。公共草地上的草料已经不能满足所有奶牛的需要。

如何解决这个问题？娜娜的父亲（幸福村村民委员会主任）召开村民大会，希望各家各户能减少奶牛数量，使奶牛总量降到1000头。但村民们谁都不愿意减少自家奶牛的数量，同时又都希望别人能减少奶牛的数量。

又过了几年，这块公共草地由于长期超载放牧而进一步被破坏，草地逐渐退化，可供奶牛食用的草料越来越少……到最后竟然长不出青草了。

现在，幸福村不能再养殖奶牛了，幸福村的人不再幸福了。

这个故事是根据美国学者哈丁的文章《公地的悲剧》改写而成的。公地作为一项资源有许多拥有者，他们中的每一个人都有使用权，但没有权力阻止其他人使用，从而造成资源过度使用和枯竭。过度砍伐的森林、过度捕捞的渔业资源及污染严重的河流和空气，都是"公地的悲剧"的典型例子。之所以叫"悲剧"，是因为每个当事人都知道资源将由于过度使用而枯竭，但每个人对阻止事态的继续恶化都感到无能为力，而且都抱着"及时捞一把"的心态，于是加剧了事态的恶化。

思考：

（1）幸福村的"公地的悲剧"为什么会发生？是谁之过？

（2）你认为应如何解决幸福村"公地的悲剧"问题？

(3) 你知道什么是市场失灵吗？

笔记：

提示：

在正常情况下，通过市场这只"看不见的手"的自发调节，可以实现供求平衡，从而达到资源的最优配置。但市场不是万能的，市场也有失灵的时候，上述案例中的问题就是市场本身无法解决的。对于市场机制在某些领域不能有效起作用的情况，我们称为"市场失灵"（也称"市场失效"或"市场缺陷"）。市场失灵主要有外部性、公共物品、贫富差距等表现形式，当出现市场失灵时，就需要政府进行干预。

第一节 外 部 性

一、外部性的含义

在现实生活中经常会出现这样的情况，即某人或某家企业的经济活动给他人带来了利益，这个人或这家企业却没有因此获得报酬；或者某人或某家企业的活动给别人造成了不利影响，却也没有因此受到相应的惩罚。这种现象就是外部性，也称外部效应。外部性分两种情况：给他人带来利益的是正外部性，给他人造成危害的是负外部性。

外部性可能会发生在任何经济活动主体之间，主要有以下三种表现形式：

（1）不同企业之间的外部性。例如，有两家企业，一家是食品厂，另一家是水泥厂。水泥厂处于上风位置，食品厂处于下风位置。水泥厂排放到空气中的污染物会影响食品厂的卫生条件，污染程度取决于水泥厂的产量或污染物的排放量。

（2）企业与个人之间的外部性。例如，一些化工厂为了节约成本，不使用污水处理设备，直接向河流排放工业废水，使下游居民的生活用水受到影响；一些煤矿因过度开采导致附近地面下沉、房体倾斜，直接影响当地生态环境及居住安全；等等。另外，个人的行为也会影响企业的经营活动，如汽车的尾气排放会影响公路附近农场主的柑橘生产和蜂蜜生产等。

（3）个人之间的外部性。例如，个人在公共场合吸烟、随地吐痰、乱丢垃圾，使别人的身体健康受到损害；个人在公共场所播放音乐，音量过大，影响附近的人的正常活动；个人在自家屋旁栽花种草，对自己有利，对他人也有利；等等。

扩展阅读 5-1

雾霾重重何时休

曾几何时，雾霾天气在一些地区频频出现，既困扰着人们的日常出行，又严重危及人体健康。雾霾在人们毫无防范的时候侵入人体呼吸道和肺叶中，从而引起呼吸系统、心血管系统、血液系统疾病。雾霾的源头多种多样，比如汽车尾气、工业排放、建筑扬尘、垃圾焚烧等，雾霾天气通常是多种污染源混合作用形成的。

如今，越来越多的地方政府把全面改善生态环境质量摆上突出位置；越来越多的企业主动谋求走绿色发展之路；越来越多的社会公众从身边小事做起，让绿色生活方式成为风尚。

曾被雾霾笼罩的天空逐渐被擦亮。生态环境部公布的数据显示，2023年全国339个地级及以上城市平均空气质量优良天数比例为86.8%。一幅天更蓝、山更绿、水更清的美丽中国画卷正徐徐展开。

思考：

（1）你身边还存在哪些外部性现象？请举例。

（2）如何解决你身边的外部性问题？你有何建议？

笔记：

二、解决外部性的政策措施

由于外部性是市场机制无法解决的，所以只能通过征税等方式去纠正负外部性问题。

对造成负外部性的企业，国家可以采取向它们征税的方式，税额应该等于该企业给社会其他成员造成的损失。例如，在生产会造成污染的情况下，政府对污染者征税，税额等于治理污染所需要的费用。这样，企业就会在进行生产决策时把污染的成本也考虑进来。一些发达国家通过向企业征收二氧化硫税、水污染税、噪声税、固体废物税和垃圾税等环境税，以达到让污染者付费的目的。

反之，对造成正外部性的企业，政府则可以采取给予补贴的办法鼓励企业扩大正外部性。

扩展阅读 5-2

解决负外部性的其他方式——产权明晰化

在很多情况下，外部性之所以会导致资源配置不当，是因为产权不明晰。所谓产权，是指通过法律界定和维护的人们对财产的所有权和使用权。例如，某湖泊里面有一种非常珍稀且味道鲜美的鱼，市场售价极高。如果产权不明晰，捕鱼的人就会蜂拥而至，乱捕乱捞，用不了几年，该珍稀鱼种的数量就会急剧减少。解决这个问题行之有效的办法就是明晰产权，即由一个或多个人来承包该湖泊的捕鱼作业，承包者就会禁止其他人乱捕乱捞，并设法使该珍稀鱼种的数量维持在一个可持续发展的水平。

第二节 公共物品

一、公共物品的含义

在现实生活中，人们需要消费各种各样的商品，这些商品可以分为私人物品和公共物品两大类。

私人物品是指那些在市场上可以购买到的物品或劳务，如衣服、食品、住房、汽车、书籍、电脑、手机、旅游服务等。私人物品是市场机制、价格机制可以解决的，也就是说市场可以提供私人物品。

公共物品也称为公共产品，是指用于满足社会公共消费需要的物品或劳务，一般指教育、国防、公共卫生、医疗保健、环保、基础设施等。

人的活动具有两重性，即个体性和社会性。作为个体的人，我们每个人都需要一定的物品或服务来满足私人需要，如衣、食、住、行等；作为社会的人，我们的生存依赖于社会环境，需要国防、治安、医疗保健、教育、基础设施、环境卫生等方面的支持和保障。例如，为了保障国家与人民安全和维护社会秩序，需要有军队、警察、司法等国家机器；为了保证社会经济活动的正常进行，需要有大型的水利系统、大规模的商品储存和流通设施，需要有铁路、公路、民航等交通运输网，需要有供电、供气、供水、排水等公共基础设施，需要有四通八达的通信网络；为了满足人民文化生活和健康的需要，需要有学校、博物馆、文化宫、影剧院、体育馆、医院等文化、体育、医疗设施；为了推动科学技术的进步，保证人类社会的可持续发展，需要有众多科研机构等。上述公共物品的生产，或者需要巨额投资，或者需要相当长的时间才能收回成本甚至根本收不回成本，因此任何一家企业或个人都无力提供或不愿意提供。换句话说，市场在提供公共物品方面存在着先天的不足。

二、公共物品的特征

相对于私人物品而言，公共物品具有消费上的非排他性、非竞争性两个特征。

1. 非排他性

公共物品的非排他性是指公共物品的消费权和享用权不归某个人独有，而是由整个社会共同所有。

很显然，某人对公共物品的使用，并不排除其他人对该项物品的使用。例如，国家提供的国防安全，人人都可以享受，不像手机等私人物品，我使用了，就排除了他人使用；又如，街道上的路灯，你使用了，并不排除其他人同时使用，这与私人物品的排他性显然不同。

2. 非竞争性

非竞争性是指某种物品即使有人消费了，别人还可以再去消费。换句话说就是一部分人对某一物品进行消费，不会影响另一些人对该物品的消费；一些人从某一产品中受益不会影响其他人也从这一产品中受益，受益对象之间不存在利益冲突。例如，街道上安装了路灯，人人都有权免费从路灯下走过，而且多一个人或少一个人从路灯下走过，并不会增加或减少路灯照明的成本。

很显然，私人物品不具有这个特征，私人物品具有竞争性。竞争性是指某人已消费某件物品，其他人就不能再消费这件物品了，这件物品的消费处于竞争状态。例如，你已买下了一件衣服，别人就不能再买下同一件衣服了。

由于公共物品具有非排他性和非竞争性，它的需要或消费是公共的，因此每个消费者都不会自愿掏钱去购买，而是等着他人购买后自己顺便享用它所带来的利益，这就是经济学中所称的"搭便车"现象。从一定意义上说，由于"搭便车"问题的存在，公共物品一般应该由政府来提供。

扩展阅读 5-3

"搭便车"现象

"搭便车"现象是由公共物品的非排他性引发的，它是指消费者不管是否付费都可以获得消费利益，使得有些人认为即使不付费也可以获得利益，而付费也未必能获得更多利益，从而尽可能地逃避付费的一种现象。

例如，泥湾村的公路夜间经常发生交通事故，原因是该村公路的某路段地形复杂且未安装路灯，安装路灯是解决这一问题的有效途径。为了解决这一问题，该村需要向每位村民收取一定的费用。假定该村有 1000 名村民，平均每人需支付 100 元。但每个村民对这项措施的评价和支付意愿是不一样的,有些人会夸大或缩小这项路灯工程给自己造成的影响。例如,张三曾在此路段发生过交通事故,以致每次通过该路段都心惊胆战,害怕再出事故,因此他对这一工程愿意支付的价格可能比 100 元更高。李四认为这项工程对自己的影响并不大,因此他可能不愿意支付这 100 元,他甚至可能会以安装路灯不会给自己带来好处为由而拒不出资。李四这样做的目的是想让那些"张三"们为这项工程买单,他就可以免费享受这条有足够照明的公路了。这种现象我们通常就称为"搭便车"。如果大多数人都有和李四一样的想法,那么该村就筹集不到足够的资金为这条路安装路灯,交通隐患将继续存在。

因此,筹措公共物品的生产费用,通常需要以税收方式进行。

三、公共物品的分类

按公共物品是否同时具备非排他性和非竞争性这两个特征,可以将其分为以下两类。

1. 纯公共物品

纯公共物品是指同时具备非排他性和非竞争性的公共物品。例如,国防、社会治安、公路、路灯、公共厕所等是大家都可以享用且不属于任何个人所有的,这些既无竞争性,又无排他性,属于纯公共物品。

2. 准公共物品

准公共物品又称混合公共物品,是指具备上述两个特征之一,而另一个特征表现不明显的公共物品。大部分公共物品属于此类,如学校、公园、体育场、图书馆等。这些本来是任何人都能享受的,但因名额、座位、面积等有限,享用权就受到限制。有的采取先到先得、额满为止的规则,有的则采取发放许可证(如门票)等办法。由于准公共物品一般不同时具备非排他性和非竞争性,因此,准公共物品可以一部分由政府提供,另一部分由市场提供。一般来说,对公众影响大的或由政府提供更为有利的物品和劳务,往往由政府出资,或由政府提供财政补助。

 **课堂讨论**

（一）资料

高速公路为何要收取通行费？

1988年10月31日，上海至嘉定的沪嘉高速公路建成通车，标志着我国有了首条高速公路。此后，我国高速公路建设突飞猛进，2014年年底总里程突破11万千米，跃居世界第一位。到2023年年底，我国高速公路总里程已达18.5万千米，稳居世界第一。

一方面，我国高速公路的发展速度举世瞩目；另一方面，我国的高速公路因为收费而受到各方质疑，因为除了一些节假日可以免费通行之外，其他时间使用高速公路都是要付费的。

事实上，世界上没有真正意义上的免费公路，因为公路建设和维护都需要花费大量的资金。纵观世界，公路筹资主要有两种方式：一种是收费，即资金来自过路费；另一种是征税，即资金来自专项税收或一般税收。

亚洲的中国、日本和韩国，欧洲的意大利，法国和西班牙都是依靠收费公路政策建成了全国高速公路网络。而美国建设高速公路的主要资金来源是税收。

（二）讨论

1. 高速公路是纯公共物品吗？
2. 如何看待我国高速公路收取通行费的政策？

笔记：

_____

_____

_____

四、公共物品的供给

公共物品的特征决定了公共物品在供应方式上必须由政府主导。政府提供公共物品有两种基本方式：政府直接生产和政府间接生产。

1. 政府直接生产

一般认为，纯公共物品和自然垄断性很高的准公共物品通常采取政府直接生产的方式来提供。例如，邮政服务、电力、航空、铁路、中小学、医院、警察局、消防、煤电供应、图书馆等都由政府提供。

2. 政府间接生产

政府间接生产公共物品是指政府利用预算安排和政策安排形成经济刺激，引导私人企业参与公共物品生产。政府间接生产公共物品主要有以下四种方式：

（1）政府与私人企业签订生产合同。公共物品并不一定都由政府直接生产，有时由政府购买私人物品，然后向市场提供。适用于这种方式的主要是具有规模经济效益的自然垄断性行业，包括基础设施，它们在收费方面没有太大的困难。

（2）授权经营。这种方式适合于提供那些正外部性明显的公共物品，如自来水供应、供电、广播电台、航海灯塔等。

（3）政府经济资助。这种方式主要用于那些营利性不高或者只有在未来才能营利且风险大的公共物品，如高精尖技术的基础研究及教育。政府资助的方式主要有补贴、津贴、优惠贷款、减免税等。

（4）政府参股。这种方式主要用于初始投入大的基础设施项目，如道路、桥梁、发电站、高速公路等。政府参股分为政府控股和政府入股两种。政府控股主要用于那些关系到国计民生的项目，政府入股主要是政府通过向私人企业提供资本和分散私人投资风险来实现的。

第三节 贫富差距

一、贫富差距的含义

贫富差距是指不同的社会成员由于所处的社会政治、经济、文化等地位和环境不同，从而形成的占有社会财富的数量之间的差距。

市场经济是一种优胜劣汰的经济体系，社会成员的报酬依据其生产能力和贡献来决定。由于天赋不同、就业机会不均等、竞争条件不公平等因素的影响，人们占有财产的情况不同，也就是说，由市场决定的收入分配结果肯定存在高低差异悬殊的现象。从经济学的角度来看，市场机制造成的收入分配不均有其存在的道理。但从社会和道德的角度来看，市场分配造成的贫富悬殊是不公平的，是社会难以接受的。若任其发展，将会影响社会稳定，损害市场经济的健康发展。

扩展阅读 5-4

全球贫富差距恶化

2024年1月，国际慈善组织乐施会发布报告称，自2020年以来，全球最富5人所拥有的财富翻了一倍多，而与此同时，50亿人在变穷。

报告提到的5人分别是特斯拉公司首席执行官马斯克、法国LVMH集团创始人阿诺特、亚马逊创始人贝索斯、甲骨文创始人埃里森和脸书创始人扎克伯格。考虑通胀因素后，他们的财富仍在过去4年飙升114%，达到8690亿美元，平均每小时增长约1400万美元。与此同时，自2020年以来，全球近50亿人因通胀、战争和气候危机而变得更穷。

全球1%最富有的人拥有全球43%的金融资产。如果这一状况持续发展下去，消除贫困还要花费近230年的时间。①

二、造成贫富差距的原因

一个人所能获得的收入的多少，取决于他所掌握的生产资源的多少，掌握资源较多的人，所获得的收入相应较多；反之，掌握资源较少的人，所获得的收入也相应较少。因此，人们掌握的资源不平均是造成收入差距的因素之一。

当然，造成收入差距的原因除了人们掌握的资源不平均以外，还有资源质量方面的原因。当一个人拥有的资源数量与其他人相等，但他的资源质量更优时，他获得的收入往往也相应较多。

另外，国家的政策也对人们的收入产生巨大的影响。因为收入分配不平等影响社会秩序，政府又不愿意看到收入差距过于悬殊，所以，政府在调节居民收入分配

---

① 甄翔.英报告：过去4年全球最富5人财富翻倍，与此同时"50亿人在变穷"[EB/OL].（2024-1-16）[2024-6-14]. https://m.gmw.cn/2024-01/16/content_1303632458.htm.

方面也会采取一些措施。

扩展阅读 5-5

收入分配平等程度的衡量——洛伦兹曲线与基尼系数

在判断一个国家收入分配的平等程度时,洛伦兹曲线是常用的工具,基尼系数是最常用的指标。

一、洛伦兹曲线

为了研究一个国家的收入分配问题,美国统计学家马克斯·奥托·洛伦兹提出了著名的洛伦兹曲线。它是用来衡量一个国家收入分配或财产分配平均程度的曲线。洛伦兹曲线的具体绘制方法是:

(1)将一个国家的人口按收入由低到高排队,再分成若干个等级。

(2)分别在横坐标和纵坐标上标明每个等级人口占总人口的百分比、每个等级人口的收入占总收入的百分比。

(3)将这样的人口累计百分比和收入累计百分比的对应关系描绘在图形上,即可得到洛伦兹曲线。

如果把一个国家的人口分成 5 个等级,各等级人口各占总人口的 20%,各等级人口的收入占总收入的比例各不相同,就表明存在着收入上的差距。为了说明这个问题,我们假定某国各等级人口占总人口的比例与各等级人口的收入占总收入的比例如表 5-1 所示。

表 5-1 某国各等级人口占总人口的比例与各等级人口的收入占总收入的比例

级 别	各等级人口占总人口的百分比/%	人口累计百分比/%	各等级人口的收入占总收入的百分比/%	收入累计百分比/%
1	20	20	4	4
2	20	40	8	12
3	20	60	13	25
4	20	80	15	40
5	20	100	60	100

根据表 5-1,可以绘制出如图 5-1 所示的洛伦兹曲线。

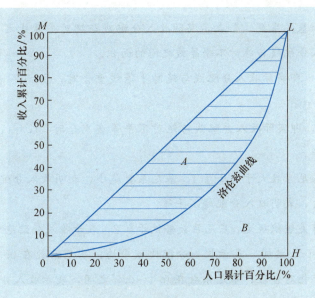

图 5-1 洛伦兹曲线

在图 5-1 中，横轴表示人口累计百分比，纵轴表示收入累计百分比。

OL 为 45°线，在这条线上，每 20% 的人口得到 20% 的收入，表明收入分配绝对平等，因此这条线被称为绝对平等线。

折线 OHL 表示收入分配绝对不平等，它表示所有收入都集中在某一个人手中，而其余人口均一无所获。因此 OHL 是绝对不平等线。

根据表 5-1 所作的洛伦兹曲线介于绝对平等线与绝对不平等线之间，它反映了一个国家实际收入的分配状况。洛伦兹曲线与 45°线 OL 越接近，表明收入分配越平等；洛伦兹曲线与绝对不平等线 OHL 越接近，表明收入分配越不平等。

一般来说，一个国家的收入分配，既不可能完全不平等，也不可能完全平等，往往介于两者之间。相应的洛伦兹曲线既不会是折线 OHL，也不会是 45°线 OL，而是像图 5-1 中这样向横轴突出的弧线。

二、基尼系数

基尼系数是国际上通用的、用于衡量一个国家或地区居民收入分配平等程度的指标。其计算公式为：

$$G = \frac{A}{A+B}$$

式中，G 表示基尼系数，A 表示实际收入分配线与绝对平等线之间的面积，B 表示实际收入分配线与绝对不平等线之间的面积。

当 $A=0$，即实际收入分配线与绝对平等线重合时，$G=0$，表示收入分配绝对平等；

当 $B=0$，即实际收入分配线与绝对不平等线重合时，$G=1$，表示收入分配绝对不平等。

通常，基尼系数大于0小于1。基尼系数越小，表明收入分配越趋于平等，基尼系数越大，表明收入分配越不平等。

联合国有关组织规定：基尼系数若低于0.2，表示收入分配绝对平均；基尼系数在0.2~0.3之间，表示收入分配比较平均；基尼系数在0.3~0.4之间，表示收入分配相对合理；基尼系数在0.4~0.5之间，表示收入分配差距较大；基尼系数在0.5以上，表示收入分配差距悬殊。

三、收入分配平等化政策

1. 平等与效率：一个永恒的难题

在讨论平等与效率的关系这个难题时，人们喜欢用分蛋糕来打比方。效率意味着把蛋糕做大，平等象征着把蛋糕平均分给众人。如果要把蛋糕做大，大家就必须都努力为蛋糕事业作出贡献。如果把蛋糕平均分给众人，对于经济人来说，必定会有部分人等着别人去努力，而自己只想坐享其成，从而影响整个经济的效率。由此可以看出，平等与效率是一对矛盾关系。

各国在发展经济的过程中，究竟应该偏向平等还是效率？一般在不同的历史阶段，会有不同的选择。无论是发达国家还是发展中国家，在经济活动中若过分重视平等，必然会损失效率；若过分重视效率，又会拉开收入差距，导致收入分配的不平等。如何在平等和效率之间保持平衡，这是一个永恒的难题。

2. 收入分配平等化政策

目前，我国城乡的收入分配仍存在较大差距。收入分配的不平等可能导致社会秩序混乱，甚至会导致社会动荡。国家调节收入分配的手段主要有以下两种：

（1）税收

税收是政府财政收入的主要来源，也是国家调节经济、调节收入分配的主要手段。典型的调节收入分配的税种是个人所得税。个人所得税采用超额累进制计征的方法，收入越高的人，纳税的相对税率越高；收入偏低的人，纳税的相对税率则较低；工资收入不超过国家规定的免征额的人，不用缴纳个人所得税。这一手段在一定程度上降低了收入分配的差距。

（2）社会福利制度

社会福利制度是国家或政府在立法或政策范围内，为所有对象普遍提供的在一定的生活水平上尽可能提高生活质量的资金和服务的社会保障制度。其主要包括以下内容：

① 各种形式的社会保障和社会保险，如医疗保险、失业保险、养老保险、生育保险、工伤保险等。

② 为贫困者提供的就业和培训机会。首先是实现机会均等，尤其是保证所有人的平等就业机会。其次是提升低收入者的工作技能和就业能力，如为他们提供职业技能培训，使他们能从事收入更高的工作。

③ 对教育事业的资助，如兴办公立学校、帮助学校改善教学条件、设立奖学金和大学生贷款制度等。这些措施有助于提高国民的文化水平与素质，也有利于促进收入分配平等化。

④ 各种保护劳动者权益的立法，如劳动法、劳动合同法、劳动争议调解仲裁法、安全生产法、职业病防治法等。这些都有利于保护劳动者的合法权益，改善他们的工作和生活条件，增加收入，从而有助于缓和收入分配不平等。

扩展阅读 5-6

共同富裕是中国特色社会主义的本质要求

党的二十大报告指出："共同富裕是中国特色社会主义的本质要求，也是一个长期的历史过程。我们坚持把实现人民对美好生活的向往作为现代化建设的出发点和落脚点，着力维护和促进社会公平正义，着力促进全体人民共同富裕，坚决防止两极分化。"这深刻阐明了推进中国式现代化的根本目的和鲜明指向，也凸显了实现共同富裕的长期性、艰巨性、复杂性，为新时代扎实推动共同富裕提供了科学指引和根本遵循。

习近平总书记指出："中国要实现共同富裕，但不是搞平均主义，而是要先把"蛋糕"做大，然后通过合理的制度安排把"蛋糕"分好，水涨船高、各得其所，让发展成果更多更公平惠及全体人民。"

习近平总书记指出："幸福生活都是奋斗出来的，共同富裕要靠勤劳智慧来创造。"共同富裕要靠共同奋斗，这是根本途径。唯有凝聚共识，人人参与，共同奋斗，才能在高质量发展中实现共同富裕。

 思考：

你如何理解共同富裕与人人参与、人人奋斗的关系？

 本章要点回顾

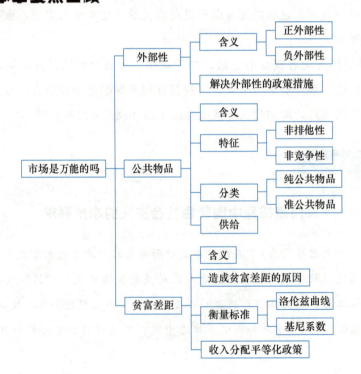

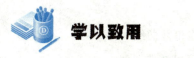

学以致用

一、单项选择题

1. 娜娜在自家庭院中种了一棵玉兰树,每到花开的时候,花香可以飘到很远的地方。这对于喜欢闻玉兰花香味的人来说,属于( );对于花粉过敏的人来说,属于( )。

    A. 正外部性;正外部性
    B. 正外部性;负外部性
    C. 负外部性;负外部性
    D. 负外部性;正外部性

2. 在公共场合吸烟会让很多人感到难受,由此产生了( )。

    A. 正外部性
    B. 负外部性
    C. 道德约束
    D. 外部性的内在化

3. 我国多地曾频频发生雾霾,与雾霾发生最相关的是( )。

    A. 公共物品
    B. 外部性
    C. 收入差距
    D. 垄断

4. 下列哪种情况下不会出现市场失灵?( )

    A. 存在公共物品
    B. 存在外部性
    C. 寡头勾结起来限制产量
    D. 市场上竞争非常激烈

5. 我国政府为了发展经济,设立了若干经济特区,这样做( )。

    A. 既公平又有效率
    B. 既不公平又没有效率
    C. 有效率但不公平
    D. 公平但缺乏效率

6. 基尼系数是用来衡量( )。

    A. 居民富裕程度的
    B. 收入分配差距的
    C. 家庭富裕程度的
    D. 国家富裕程度的

二、多项选择题

1. 公共物品具有( )。

    A. 排他性
    B. 非排他性
    C. 非竞争性
    D. 竞争性

2. 街道上的路灯具有( )。

    A. 非排他性
    B. 排他性
    C. 非竞争性
    D. 竞争性

3. 表示社会分配公平程度的分析工具是（　　）。
   A. 菲利浦斯曲线　　　　　　　B. 洛伦兹曲线
   C. 基尼系数　　　　　　　　　D. 国民消费曲线
4. 下列政策有利于缩小贫富差距的是（　　）。
   A. 征收累进的个人所得税　　　B. 为贫困者提供技能培训
   C. 对贫困人群进行补贴　　　　D. 限制富人高消费

三、简答题

1. 市场失灵包括哪些内容？
2. 我国的公路、桥梁及公办大学等是否是纯公共物品，为什么？
3. 什么是外部性？
4. 什么是基尼系数？基尼系数是如何得出的？
5. 如何看待我国的收入差距问题？

笔记：

四、案例分析题

（一）资料

守卫"舌尖上的安全"

民以食为天，食以安为先。舌尖上的安全，永远是民生的重点问题。近年来，我国食品安全形势持续稳中向好，人民群众满意度不断提升。但也要看到，食品安全工作仍然面临不少问题和困难。网络订餐、直播带货、跨境电商、生鲜配送等新业态、新模式带来的未知风险不断增多。尤其在自媒体时代，食品安全的舆情环境更加复杂，这些问题交织叠加，给食品安全工作带来巨大挑战。

2023年，全国公安机关紧盯人民群众食品安全问题，持续深入开展专项行动，严厉打击突出食品安全犯罪活动。截至2023年12月19日，全国公安机关共破获食品安全犯罪案件1万余起，抓获犯罪嫌疑人1.4万余名，有力打击震慑了违法犯罪，全力守护人民群众"舌尖上的安全"。①

（二）要求

1. 我国偶发性的食品安全问题，是否属于市场失灵现象？
2. 请查询相关资料，谈谈近年来我国政府采取过哪些措施来守护人民群众"舌尖上的安全"。

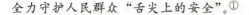

笔记：

知识链接 5-1

信息不对称

信息不对称是指交易中的各成员拥有的信息不同。在市场经济活动中，一些成员拥有其他成员无法拥有的信息，由此造成了信息的不对称。不同类型的人对有关信息的了解是有差异的：掌握信息比较充分的成员，往往处于比较有利的地位；而信息缺乏的成员，则处在不利的地位。一般而言，卖家比买家拥有更多关于交易商品的信息，在交易过程中，容易出现卖家对商品的瑕疵避而不谈，对商品的优点片面夸大的现象，从而导致买家在不知情的情况下蒙受损失。例如，娜娜在某自行车商铺购买了一辆二手自行车，交易前，卖家声称该自行车只使用了不到一年的时间，轻巧、好骑还安全。购买后不久，娜娜发现自行车存在轮子漏气、下雨天骑车容易打滑、骑行时特别费力等情况。娜娜请专业人士对自行车进行了检查，发现该车是翻新车，存在内胎打了多个补丁、链条咬合不够紧、脚蹬内部生锈严重等诸多问题。娜娜无奈之下只能更换多个配件，而更换配件的花费同买一辆全新自行车也相差无几了。产生这类现象的根本原因就是卖家在交易时刻意隐瞒商品的缺陷，导致买卖双方信息不对称。

---

① 公安机关严打食品安全犯罪活动取得积极成效[EB/OL].（2023-12-19）[2024-6-14]. https://m.mps.gov.cn/n6935718/n6936554/c9328747/content.html.

当信息不对称时,当事人往往不能按照自己的利益做出正确的决策,从而导致市场失灵。信息不对称所引发的社会经济问题比比皆是。从消费者的角度,应该增强自己的信息甄别能力。从政府的角度,必须建立完善的市场准入机制和企业信息披露制度,不断完善消费者权益保护方面的法律法规。

第六章
如何衡量一国（地区）的富裕程度

学习目标

【知识目标】

- 理解 GDP、人均 GDP 指标的概念
- 理解 GDP 指标的作用及局限性
- 掌握 GDP 与消费、投资、出口的关系

【技能目标】

- 能运用 GDP 与消费、投资、出口的关系简单分析一国（地区）GDP 的增长问题

【素养目标】

- 深入理解"两山论"，树立人与自然和谐共生的理念

中国GDP总量稳居世界第二位

改革开放以来，中国经济持续快速发展，无论是经济总量，还是人均水平都大幅增加，综合国力明显增强，国际地位和影响力显著提高。中国实现了从站起来、富起来向强起来的历史性飞跃。

1978年，中国GDP总量仅有3645亿元，2023年已突破126万亿元，约占世界经济总量的18%，是世界第二大经济体。我国经济对世界经济增长的贡献总体上保持在30%左右，是世界经济增长的最大引擎。

在经济总量持续提高的同时，中国人均GDP也实现突破。1978年，中国人均GDP只有381元；2023年，中国人均GDP达到89358元（折合12681美元，国际货币基金组织统计数据），按照世界银行标准，这一数据接近了高收入国家门槛。

思考：

（1）娜娜说美国、日本、西欧发达国家等都比中国富有，依据就是他们的人均GDP比中国的高。你同意这种说法吗？

（2）娜娜说一国（地区）的人均GDP就是一国（地区）的人均实际收入，你认为这样说对吗？

（3）你了解GDP的含义吗？

（4）你知道拉动经济增长的"三驾马车"是指什么吗？

 笔记：

第六章 如何衡量一国（地区）的富裕程度

第一节 GDP 及相关指标

在前几章我们学习了价格是如何决定的、个人与企业如何决策，以及市场失灵及政府干预等，这些内容属于微观经济学。从整体上看，尽管资源是稀缺的，但还是得不到充分利用。如何才能使稀缺的资源得到充分利用？这就需要从整个经济的角度来研究经济运行的规律。宏观经济学正是要通过对一国（地区）经济中常见的失业、通货膨胀、经济周期和经济增长这些重大问题的研究，来探讨并解决整体经济的运行问题。

一国（地区）经济的整体运行情况可以用具体的数字来表示，这些数字就是宏观经济指标。能够反映一国（地区）经济状况的宏观经济指标有很多。在这些指标中，人们往往最关注三个指标：国内生产总值（GDP）、通货膨胀率和失业率。本节将重点介绍 GDP。

一、什么是 GDP

如果要判断一个人在经济上是否成功，可以看他的年收入。同样的逻辑，要判断一国（地区）是否富裕，通常用 GDP 这个指标来衡量。

GDP 是英文 Gross Domestic Product 的缩写，意为国内生产总值，是指一国（地区）在一定时期内（通常是一年）在其领土范围内所生产的全部最终产品的市场价值总和。

GDP 是全世界通用的最重要的宏观经济指标，是一个国家（地区）总体经济实力的根本体现，是衡量国家（地区）经济活动总量的国际通用语言。表 6-1 是 2023 年世界主要国家（地区）GDP 总量排名。

表 6-1 2023 年世界主要国家（地区）GDP 总量排名

排名	国家（地区）	GDP 总量/亿美元	排名	国家（地区）	GDP 总量/亿美元
1	美国	273609	21	波兰	8112
2	中国	177948	22	阿根廷	6406
3	德国	44561	23	比利时	6322
4	日本	42129	24	瑞典	5933
5	印度	35499	25	爱尔兰	5456
6	英国	33400	26	奥地利	5160
7	法国	30309	27	泰国	5149
8	意大利	22549	28	以色列	5099
9	巴西	21737	29	阿联酋	5042
10	加拿大	21401	30	新加坡	5014
11	俄罗斯	20214	31	挪威	4855
12	墨西哥	17889	32	孟加拉国	4474
13	澳大利亚	17238	33	菲律宾	4371
14	韩国	17128	34	越南	4297
15	西班牙	15807	35	丹麦	4042
16	印度尼西亚	13712	36	伊朗	4015
17	荷兰	11181	37	马来西亚	3996
18	土耳其	11080	38	埃及	3959
19	沙特阿拉伯	10676	39	中国香港	3821
20	瑞士	8849	40	南非	3778

注：根据世界银行公布的数据整理。

在理解 GDP 时，需要注意以下几点：

1. GDP 是最终产品的市场价值总和

最终产品是指不需要进一步加工、可直接用于消费和出口的产品，如机械设备、食品、服装、日用品等。与最终产品相对应的概念是中间产品，中间产品是指需要进一步加工、目前还不能用于消费或出口的产品，包括各种原材料、燃料和动力等。例如，服装是最终产品，可以直接消费，但用于生产服装的原材料（如棉布、棉纱等产品）就不是最终产品，而是中间产品。

最终产品与中间产品的区别在于购买者购买产品的目的是用于消费还是用于生产，而不在于产品本身的性质。

GDP 之所以不包括棉布、棉纱等中间产品的价值，是因为作为最终产品的服装的价值已经包括了它们的价值，若把这些中间产品的价值也计入，就会重复计算。

课堂讨论

煤、电、布料和服装是中间产品还是最终产品？

笔记：

2. GDP 强调的是领土概念

国内生产总值（GDP）指的是一国（地区）在其领土范围内所生产的最终产品的市场价值总和。这里的"领土范围"强调的是领土概念，因此中国的 GDP 既包括在中国境内中国企业所生产的最终产品价值，也包括外商投资企业（如美国可口可乐公司）在中国投资生产的最终产品价值。

3. GDP 不仅包括有形的产品，还包括无形的劳务

GDP 不仅包括诸如食品、衣服、汽车等有形产品的市场价值，而且包括诸如金融、保险、旅游、教育、卫生、理发、美容等服务的市场价值。

4. GDP 强调的是当年生产的最终产品的价值

GDP 只包括当年所生产的最终产品的价值，非当年生产的最终产品的价值不能计入当年的 GDP。例如，2018 年 1 月发生的二手房交易，由于房屋是以前年度生产的，已计入以前年度的 GDP，所以房屋本身的市场价值不能再计入 2018 年的 GDP。但是，因二手房交易产生的佣金和手续费等属于 2018 年发生的劳务费用，应计入 2018 年的 GDP。

扩展阅读 6-1

国民总收入（GNI）指标[①]

国民总收入（Gross National Income，GNI）是指一个国家或地区所有常住单位在一定时期内收入初次分配的最终结果，等于所有常住单位的初次分配收入之和。该指标是在 1993 年由国民生产总值（Gross National Product，GNP）指标改名而来的。

(1) GDP 与 GNI 的联系

GDP 是核算 GNI 的基础，一般先核算 GDP，才能核算出 GNI。两者的关系可用下列公式表示：

$$GNI = GDP + 来自国外的要素收入净额$$
$$= GDP + （来自国外的要素收入 - 付给国外的要素收入）$$

其中，来自国外的要素收入是指从国外获得的资本和劳务收入，包括本国对外投资的收入，以及本国居民在国外工作的劳动报酬；付给国外的要素收入是指对国外支付的资本和劳务收入，包括外国来投资的收入以及本国支付给外籍员工的劳动报酬。

(2) GDP 与 GNI 的区别

GDP 是一个反映生产成果的指标，它从生产角度衡量一个国家（地区）的经济总量，只要是本国领土范围内生产活动创造的增加值，无论是由内资企业创造的还是由外资企业创造的，均应计入本国的 GDP。GNI 是一个反映收入总量的指标，它从收入初次分配的角度衡量一个国家（地区）的经济总量，即在 GDP 的基础上，扣除外国在本国的资本和劳务收入，加上本国从国外获得的资本和劳务收入。

(3) GDP 和 GNI 的作用

国际社会对 GDP 和 GNI 这两个指标都非常重视，并根据分析目的不同而分别使用：在分析各国的经济增长情况时，一般更关注 GDP；在分析各国贫富差异程度时，一般更关注 GNI 或者人均 GNI。

[①] 赵同录,柳楠. 如何理解 GDP、国民总收入（GNI）的区别和联系[DB/OL].（2023-1-1）[2024-6-17]. https://www.stats.gov.cn/zs/tjws/tjzb/202301/t20230101_1903832.html.

二、与 GDP 有关的几个指标

1. 人均 GDP

人均 GDP 是一国（地区）的 GDP 与其人口数量的比值，它反映了一国（地区）的富裕程度和人民的生活水平。

由于世界各国（地区）目前普遍采用 GDP 指标来度量一国（地区）的经济总量，相应地，人均 GDP 就成为比较各国（地区）的国民收入水平的主要指标。在国际范围内进行比较时，需要把按本国（地区）货币计算的人均 GDP 依照汇率折算为美元。一般而言，人均 GDP 越高，意味着这个国家（地区）越富裕。

表 6-2 是 2023 年世界部分国家（地区）人均 GDP。

表 6-2　2023 年世界部分国家（地区）人均 GDP

国家（地区）	人均 GDP/美元	国家（地区）	人均 GDP/美元
卢森堡	129810	中国香港	50030
爱尔兰	104272	英国	49099
瑞士	100413	新西兰	47537
挪威	87739	法国	46001
新加坡	84734	意大利	38326
美国	81632	日本	33806
冰岛	79998	韩国	33192
卡塔尔	78696	西班牙	33071
中国澳门	69080	沙特阿拉伯	32530
丹麦	68300	中国台湾	32444
澳大利亚	65434	葡萄牙	27880
荷兰	62719	阿根廷	14024
奥地利	57081	俄罗斯	13648
瑞典	56225	墨西哥	13642
芬兰	54008	马来西亚	12570
比利时	53659	中国	12514
加拿大	53548	巴西	10642
德国	52727	泰国	7337
以色列	52219	南非	6138
阿联酋	51909	蒙古国	5668

注：根据国际货币基金组织公布的数据整理。限于篇幅，本表只选取了部分发达国家（地区）、中国周边国家（地区）以及我们熟悉的部分不发达国家（地区）的数据。

> **扩展阅读 6-2**
>
> **世界银行关于高中低收入国家的划分标准**①
>
> 世界银行按人均 GNI 对世界各国经济发展水平进行分组，通常把世界各国分成四组，即低收入国家、中等偏下收入国家、中等偏上收入国家和高收入国家。但以上标准不是固定不变的，而是随着经济的发展不断进行调整的。
>
> 2023 年 6 月，世界银行公布的收入分组标准如下：
>
> 人均 GNI 低于 1136 美元为低收入国家；
>
> 人均 GNI 1136—4465 美元为中等偏下收入国家；
>
> 人均 GNI 4466—13845 美元为中等偏上收入国家；
>
> 人均 GNI 高于 13845 美元为高收入国家。
>
> 在我国，人均 GNI 与人均 GDP 大体相当，2023 年我国人均 GDP 折合 12681 美元，按照世界银行上述标准，我国属于中等偏上收入国家。

2．个人可支配收入

个人可支配收入是指个人在一定时期（通常是一年）内除去缴纳个人所得税和非税支付后留下的，可用于消费和储蓄的收入。我国国家统计局公布的数据显示，2023 年，我国居民人均可支配收入为 39218 元，比上年名义增长 6.3%，扣除价格因素，实际增长 6.1%。分城乡看，城镇居民人均可支配收入为 51821 元，比上年名义增长 5.1%，扣除价格因素，实际增长 4.8%；农村居民人均可支配收入为 21691 元，比上年名义增长 7.7%，扣除价格因素，实际增长 7.6%。②

 课堂讨论

人均 GDP 是否等同于人均可支配收入？

---

① 世界银行更新全球经济体分类标准和 2024 财年贷款业务毕业线[DB/OL].（2023-7-14）[2024-6-17]. https://gjs.mof.gov.cn/zhengcefabu/202307/t20230714_3896521.htm.

② 国家统计局：2023 年全国居民人均可支配收入 39218 元 比上年名义增长 6.3%[EB/OL].（2024-1-17）[2024-6-14]. https://news.cctv.com/2024/01/17/ARTIRJzFeO7IAialiMIdtGu9240117.shtml.

📔 **笔记:** _____

_____

_____

💡 **提示:**

人均 GDP 和人均可支配收入是两个概念，而且二者相差很大。将人均 GDP 减掉交给政府的税收，再减掉其他项目，进行一系列调整后才能得到人均可支配收入。有人常常把二者混淆，所以大家今后阅读经济数据时要特别注意，人均可支配收入要比人均 GDP 小得多。

2023 年，我国人均 GDP 为 89358 元，人均可支配收入为 39218 元，人均可支配收入占人均 GDP 的比重为 43.89%。

三、GDP 的缺陷

虽然 GDP 的概念被普遍运用，但是它在衡量各国（地区）经济活动时，并非一个完美无缺的指标，GDP 还存在一些缺陷。我们在观察 GDP 指标时，需要注意以下几个问题：

1. GDP 不能准确地反映一国（地区）的真实产出

由于 GDP 的统计数据基本上是根据市场交易获得的，那些没有经过市场交易的活动所涉及的产品价值则没有被计入 GDP。例如，家务劳动、农民自己生产并供自己消费的农产品等的价值就难以在 GDP 统计中反映出来。再如，一些黑市交易和走私等非法交易的价值也无法计入 GDP，这部分通常被称为"地下经济"。

2. GDP 不能全面地反映人们的福利状况

人们的福利状况会由于收入的增加而得到改善。人均 GDP 的增加代表一个国家（地区）人民平均收入水平的增加，从而当一个国家（地区）的人均 GDP 增加时，这个国家（地区）的平均福利状况将得到改善。但是，人均 GDP 指标不能反映社会收入分配差距，因此也不能反映由于收入分配差距而产生的福利差异状况。

同时，人们的福利涉及许多方面，如休闲和家庭享乐也属于福利的重要内容。

如果人们加班加点，付出更多的劳动，得到更多的收入，从而能够购买更多的产品满足个人的需要，那么，他们在为社会创造 GDP 的同时，个人的福利也增加了。但是，如果他们始终忙于工作，没有时间与家人团聚、享受天伦之乐，尽管社会的 GDP 因此增加了，但他们的个人福利并不一定增加。这是因为虽然他们因个人收入的增加而能够消费更多的产品，但他们也失去了很多享乐的机会，从而降低了自己的福利水平。因此，GDP 与人均 GDP 的变化不能反映人们的真实福利水平的变化。

3. GDP 不能反映经济发展对环境所造成的破坏

一国（地区）在发展经济的时候，必然要消耗自然资源。资源是有限的，如果当前的经济发展过度地消耗了自然资源，就会对未来的经济发展造成极为不利的影响，那么这样的发展就是不可持续的。同样，如果当前的经济发展导致环境恶化，则这样的发展不仅直接影响人们当前的生活质量，而且制约未来的经济发展，这样的发展同样是不可持续的。然而，GDP 不能反映经济发展对环境的破坏。例如，某些产品的生产会向外排放"三废"（废水、废气、固体废弃物）等有害物质，GDP 会随着产品产量的增加而增加，却不能反映这些产品的生产对环境造成的破坏。显然，在这样的情况下，GDP 只反映出经济发展积极的一面，而没有反映出对环境破坏的消极的一面。

> **扩展阅读 6-3**
>
> ### 怎样看待中国 GDP 稳居世界第二
>
> 改革开放 40 多年来，中国经济发展一直保持着快速增长的态势。1978 年，我国经济总量位居世界第 11 位；2000 年超过意大利成为世界第六大经济体；2010 年超过日本，成为仅次于美国的世界第二大经济体。[①] 2022 年我国 GDP 达到 18 万亿美元，经济总量占世界的份额由 1978 年的 1.8% 提高到 2022 年的 18%。我国经济对世界经济增长的贡献总体上保持在 30% 左右，是世界经济增长的最大引擎。
>
> 在看到发展成就的同时，我们也清醒认识到，尽管我国 GDP 总量稳居世界第二，但人均 GDP 排名并不靠前。我国是一个发展中大国，仍处于社会主义初

---

① 里程碑！中国经济总量跃上百万亿元[EB/OL].（2021-1-18）[2024-6-11]. https://m.gmw.cn/2021-01/18/content_1302049109.htm.

级阶段，发展不平衡、不充分问题仍然突出。《2024年政府工作报告》指出，我们也清醒看到面临的困难和挑战。外部环境的复杂性、严峻性、不确定性上升。我国经济持续回升向好的基础还不稳固，有效需求不足，部分行业产能过剩。部分中小企业和个体工商户经营困难。就业总量压力和结构性矛盾并存。

只有理性看待我国GDP稳居世界第二，沉着应对与妥善解决不断出现的各种问题，才能全面建成社会主义现代化强国，实现第二个百年奋斗目标，以中国式现代化全面推进中华民族伟大复兴。

 思考：

如何看待我国GDP增长过程中存在的问题？

 笔记：

___

___

___

第二节　GDP与消费、投资、出口的关系

一、GDP与消费、投资、出口的关系

按GDP的统计方法，GDP总量在数量上等于一国（地区）的居民消费、投资、政府购买、净出口之和，即：

$$GDP = 居民消费 + 投资 + 政府购买 + 净出口^{①}$$

1. 居民消费

居民消费是指居民的日常支出，包括耐用品支出（如家电、汽车等）、非耐用品

---

① GDP的统计方法有支出法、收入法与生产法三种，"GDP＝居民消费＋投资＋政府购买＋净出口"属于GDP统计的支出法。

支出（如服装、食物等）以及服务支出（如医疗、教育、娱乐、旅游等）。

注意：居民的住房支出没有被包含在居民消费中，它属于固定资产投资支出。

2. 投资

投资是指企业或个人从事生产活动时所需要的总支出，包括固定资产投资和存货投资两大类。

固定资产投资包括企业购买厂房、设备等以及居民购买住宅的支出。

经济学家认为，居民购买住房是一种投资行为，而不是一种简单的消费。因此，居民购买住房的支出应该计入投资，而不是消费。

存货投资是指企业用于增加存货，即增加原材料和产品库存的支出。

3. 政府购买

政府购买是指各级政府购买的物品和劳务总和。政府作为公共服务部门，为了完成特定职能，也会产生大量支出，如用于国防、教育的支出，修建公共设施、雇用公务员的支出等。

政府购买只是政府支出的一部分，政府支出的其他部分（如转移支付，包括失业救济金、退伍军人津贴、养老金等）不计入 GDP。因为政府支出的这些项目不是对当前最终产品的购买，而是通过政府将收入在不同社会成员之间进行转移和重新分配，全社会的总收入并没有变动，所以不计入 GDP。

4. 净出口

净出口是指进口总额与出口总额的差额，即净出口（总额）＝出口（总额）－进口（总额）。出口意味着收入从外国流入，应计入 GDP。进口意味着收入流到国外，因此，应被减去。净出口可能是正值，也可能是负值。

二、拉动经济增长的"三驾马车"

一般情况下，我们把"GDP＝居民消费＋投资＋政府购买＋净出口"中的"居民消费"和"政府购买"称为最终消费。这样，GDP 就是投资、消费、净出口这三项（最终需求）之和，因此经济学中常把投资、消费、净出口比喻为拉动 GDP 增长的"三驾马车"，这是对经济增长原理最生动形象的表述。三者对经济增长的拉动率（贡献率）分别是其当年的增量占 GDP 总增量的比重。

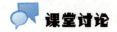 课堂讨论

节约悖论

凯恩斯在其1936年出版的《就业、利息和货币通论》一书中提出了著名的"节约悖论",即节约对于个人来说是好事,是一种值得称赞的美德,但对于整个国家来讲,则是一件坏事,会导致国家经济的萧条、衰败。为了说明这个道理,凯恩斯还引用了一则古老的故事——《蜜蜂的寓言》:最初,有一窝蜜蜂追求奢侈的生活,每天大吃大喝,大肆挥霍浪费,整个蜂群兴旺发达。后来一个哲人教导它们说,不能如此挥霍浪费,应该厉行节约。蜜蜂们听了哲人的话,觉得很有道理,于是迅速贯彻落实,改变了原有的习惯,个个争当节约模范。但结果出乎预料,整个蜂群从此迅速衰败下去,一蹶不振。

凯恩斯上述观点在经济学界得到了相当普遍的认同,不同版本的经济学教科书都相当醒目、相当郑重地向读者介绍、阐述了这一思想。

讨论:

"节约悖论"与我国勤俭节约的传统美德是否相矛盾?你是如何看待这个问题的?

笔记:

扩展阅读6-4

2023年内需对经济增长贡献率达111.4%[①]

2023年全年国内生产总值1260582亿元,按不变价格计算,比上年增长5.2%。

[①] 国家统计局局长就2023年全年国民经济运行情况答记者问[EB/OL].(2023-1-17)[2024-6-11]. https://www.stats.gov.cn/sj/sjjd/202401/t20240117_1946664.html.

最终消费支出、资本形成总额、货物和服务净出口分别拉动经济增长 4.3，1.5，—0.6 个百分点，对经济增长的贡献率分别是 82.5%、28.9%、—11.4%。

从国内大循环看，强大内需市场潜力不断释放，对经济发展的带动作用在明显增强。2023 年，最终消费支出、资本形成总额对经济增长的贡献率分别达到 82.5% 和 28.9%，内需对经济增长的贡献率合计达到了 111.4%，比 2022 年提高 25.3 个百分点。

本章要点回顾

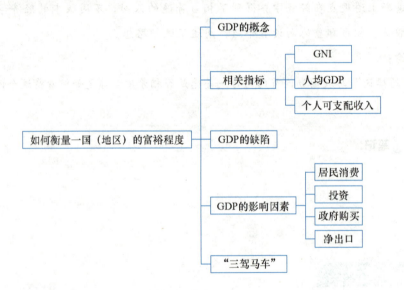

学以致用

一、单项选择题

1. 下列产品中，应该计入当年 GDP 的是（　　）。

   A. 当年生产的手机

   B. 去年生产的在今年销售掉的羽绒服

   C. 当年卖出的二手车

D. 当年高价拍卖一幅张大千的国画

2. "衣服是中间产品"这一说法（　　）。

  A. 一定是对的   B. 一定是不对的

  C. 可能是对的，也可能是不对的 D. 以上答案都不对

3. 国内生产总值中的最终产品是指（　　）。

  A. 有形的商品

  B. 无形的服务

  C. 既包括有形的商品，也包括无形的服务

  D. 自由取用品

4. 用GDP来衡量经济好坏的不足之处是（　　）。

  A. GDP能反映生产对环境的破坏

  B. GDP忽略休闲时间的变化

  C. GDP能反映一国的真实产出

  D. 以上说法都正确

二、多项选择题

1. 下列项目中，应计入当年GDP的是（　　）。

  A. 去年生产的在今年销售出去的手机

  B. 当年生产的手机

  C. 某人花1500元购入一部二手电脑

  D. 当年生产的电脑

2. 下列项目中，应计算在中国的GDP中的是（　　）。

  A. 苹果公司在中国生产的手机

  B. 中国格力公司在巴西工厂生产的空调

  C. 中国公民在意大利工作的家人汇回的欧元

  D. 国内美容院为居民提供的美容服务

三、简答题

1. 最终产品和中间产品有何区别？

2. 如何正确看待GDP指标？

3. GDP与居民消费、投资、政府购买及净出口存在什么样的关系？

4. 为何许多国家都热衷于申办奥运会、世博会？

📓 **笔记：**

四、案例分析题

（一）资料

既要绿水青山，也要金山银山

习近平总书记在谈到环境保护问题时指出："我们既要绿水青山，也要金山银山。宁要绿水青山，不要金山银山，而且绿水青山就是金山银山。"恩格斯曾说：我们不要过分陶醉于我们人类对自然界的胜利。对于每一次这样的胜利，自然界都对我们进行报复。美索不达米亚、希腊、小亚细亚以及其他各地的居民，为了得到耕地，毁灭了森林，但是他们做梦也想不到，这些地方今天竟因此而成为不毛之地。

习近平总书记的"两山论"强调了人与自然、生态保护和经济发展的内在辩证关系，其不仅指向人类赖以生存的自然条件，突出了生态环境保护的优先地位，还指明了生态优势可以转换为经济优势。

（二）要求

请你结合GDP指标的缺陷，谈谈你对习近平总书记说的"我们既要绿水青山，也要金山银山。宁要绿水青山，不要金山银山，而且绿水青山就是金山银山"的理解。

📓 **笔记：**

知识链接 6-1

绿色 GDP

天下没有免费的午餐。经济产量增加的过程，必然是自然资源消耗增加的过程，同时，也伴随着生态破坏和环境污染。因此，各国既要看到 GDP 的数字，也要关注取得 GDP 所付出的代价，国际社会由此产生了"绿色 GDP"的概念。

GDP 作为国民经济核算体系中总量核算的核心指标，没有把资源和环境成本计算在内，不能说明资源消耗的状况和环境质量的变化情况。改革开放以来，我国经济发展一直维持着高速增长的态势，但同时也造成了资源的惊人消耗和生态环境的巨大破坏。

绿色 GDP 核算（即绿色国民经济核算）体系综合了经济与环境核算，是一种全新的国民经济核算体系。绿色 GDP 最早是由联合国统计署在倡导综合环境经济核算体系时提出的。推行绿色 GDP 核算，就是把经济活动过程中的资源环境因素反映在国民经济核算体系中，将资源耗减成本、环境退化成本、生态破坏成本以及污染治理成本从 GDP 总值中予以扣除。其目的是弥补传统 GDP 核算未能衡量自然资源消耗和生态环境破坏的缺陷。

从 20 世纪 70 年代开始，联合国和世界银行等国际组织在绿色 GDP 的研究和推广方面做了大量工作。我国对绿色 GDP 的研究始于 2004 年，原国家环境保护总局和国家统计局联合开展绿色 GDP 核算的研究工作。2005 年，北京、天津、河北、辽宁等 10 个地区启动了以环境污染经济损失调查为内容的绿色 GDP 试点工作。2006 年 9 月，原国家环境保护总局和国家统计局联合发布了《中国绿色国民经济核算研究报告 2004》，该报告是我国第一份经环境污染损失调整的 GDP 核算研究报告。之后，由于各种原因，绿色 GDP 的实际核算工作处于停滞状态。

为加快推进生态文明建设，有效推动《中华人民共和国环境保护法》落实，2015 年 3 月，原国家环境保护部宣布重新启动绿色 GDP 研究工作。这是一项前沿性、创新性的研究项目，国际上尚无成功经验可借鉴，需要较长时间的探索。

第七章
失业与通货膨胀离你遥远吗

学习目标

【知识目标】

- 了解失业的含义及衡量指标
- 理解通货膨胀的含义及分类
- 了解消费价格指数（CPI）的含义及编制过程
- 掌握失业及通货膨胀对经济的影响

【技能目标】

- 能读懂 CPI 数据的含义
- 能根据失业、通货膨胀及经济增长的情况，初步判断一国当前的经济形势

【素养目标】

- 客观认识就业难问题，树立正确的就业观与择业观

案例导入

人人都曾是亿万富翁的国家

普通人想成为一名百万富翁并非易事,但在非洲国家津巴布韦,人人都曾是"亿万富翁",可这些"亿万富翁"却生活在水深火热之中。这一切都源于津巴布韦20世纪90年代末开始并持续10年的恶性通货膨胀,导致货币严重贬值,国家持续动荡,失业率超过80%。

2006年,津巴布韦的年通胀率为1042.9%,2007年则冲上10000%,2008年的通胀率为天文数字:231000000%。而政府应对的方式就是疯狂印刷钞票,钞票面额屡创新高:2008年1月推出面额1000万津巴布韦元的钞票,4月推出面额5000万津巴布韦元的钞票……2009年1月竟推出了面额100万亿津巴布韦元的钞票,如此大面额的钞票在其他国家闻所未闻。人们买个面包、鸡蛋,打个出租车都需要背上好几袋纸币。一位大妈曾抱着总值3万亿津巴布韦元的钞票搭公交车,只为了支付当时约合3.5元人民币的车费。津巴布韦的货币甚至都失去了抢劫的意义,因为抢劫的成本都远大于一车纸币的价值,津巴布韦元彻底沦为了比手纸还廉价的纸制品。

💡 **思考:**

(1)什么是通货膨胀?什么是失业?

(2)失业问题常常与通货膨胀联系在一起,你知道二者的关系吗?

(3)昨天娜娜去超市购买化妆品、牙膏及饮料,发现同样品牌的商品与之前相比价格都上涨了20%。因此,她认为当前的通货膨胀率为20%。你赞同娜娜的说法吗?

 笔记:

第七章 失业与通货膨胀离你遥远吗

提示：

失业与通货膨胀是一个世界性的问题，无论是发达国家，还是发展中国家，都不同程度地存在着失业和通货膨胀问题。因此，失业和通货膨胀成为各国政府高度关注的重要问题。

第一节 失 业

一、失业的含义

失业是指在一定年龄范围内有工作能力、有工作意愿，但未获得就业机会的状态。失业和就业是相对的两个概念。按照国际劳工组织关于就业、失业的统计标准，可将16岁及以上人口划分为三类：就业人口、失业人口和非劳动力人口。

就业人口是指在调查参考期（通常为一周）内，为了取得劳动报酬或经营收入而工作一小时及以上，和因休假、临时停工等暂时离岗的人。失业人口是指没有工作，在积极寻找工作，而且立即能去工作的人。非劳动力人口是指16岁及以上既不属于就业人口也不属于失业人口，没有工作，且不找工作或不能去工作的人。

根据国际劳工组织关于失业的度量标准，失业者必须满足三个条件：① 没有工作，在调查参考期内没有从事有报酬的劳动或自我雇佣；② 有工作能力，只要有就业机会就可以工作；③ 有工作意愿，正在寻找工作。

二、失业的衡量

衡量一个国家失业状况的基本指标是失业率。失业率是指失业人口占劳动力（就业人口与失业人口之和）的比例，其计算公式为：

$$失业率 = \frac{失业人口}{就业人口 + 失业人口} \times 100\%$$

从2018年4月起，我国开始采用国际劳工组织推荐的就业与失业统计标准，每月发布调查失业率。

经济学基础（第四版）

扩展阅读 7-1

国家统计局：完善分年龄组调查失业率

为更加准确完整地反映青年就业失业状况，国家统计局对分年龄组失业率统计作了两方面的调整：

第一，发布不包括在校学生的 16~24 岁劳动力失业率，更精准地监测进入社会、真正需要工作的青年的就业失业情况。

2023 年各月平均，我国 16~24 岁城镇人口中，在校学生占比六成多，近 6200 万人；非在校学生占比三成多，约 3400 万人。

从我国国情看，在校学生的主要任务是学习，而不是兼职工作，如果把在校学生包含在分年龄组内，会把在校寻找兼职的学生与毕业后寻找工作的青年混在一起，不能准确反映进入社会真正需要工作的青年的就业失业情况。测算不包含在校学生的分年龄组失业率，有利于更准确地反映进入社会的青年的就业失业情况，给予他们更加精准的就业服务，制定更加有效、有针对性的就业政策。

第二，增加发布不包括在校学生的 25~29 岁劳动力失业率，更完整地反映青年自从学校毕业到稳定工作过程中的就业失业全貌。

随着青年受教育年限不断提高，2023 年我国高等教育毛入学率为 60.2%，多数青年 24 岁时刚毕业不久，尚处于择业期，一些人未就业或就业不稳定，至 29 岁时绝大多数已度过择业期，就业情况趋向稳定。社会各界非常关心青年刚走出校门时的就业情况，也非常关心他们毕业后一段时间内的就业情况。

三、失业的分类

根据失业原因，通常可将失业分为三种类型：摩擦性失业、结构性失业和周期性失业。其中，前两种类型属于自然失业。

1. 摩擦性失业

摩擦性失业是指由于正常的劳动力流动而引起的失业，是人们在寻找工作或转换工作过程中出现的短暂性失业现象。一些人为找到一份更适合自己的工作，会辞去旧工作寻找新工作；产业结构的变动或某个地区经济形势的变化会迫使一些人去寻找新工作；为了与家人在一起或在更好的环境里工作，一些人也会转换工作。无论出于什么原因，劳动者从辞去旧工作到找到新工作之前将暂时处于失业状态。摩擦性失业被看作是一种正常的失业现象。

2. 结构性失业

结构性失业是指由于劳动力不能适应经济结构和劳动市场变动所引起的失业。在经济发展过程中，经济结构的变动是经常性的，这将导致部门间的发展和地区间的发展出现不平衡。如有的部门和地区在迅速发展，有的部门和地区则在衰落，从而导致出现对某种劳动力的需求增加，而对另一种劳动力的需求减少的情况。一些劳动者由于知识结构与技能水平在短期内难以适应这种变化，从而出现失业。在这种情况下，往往是"失业与空位"并存，即一方面存在着有人无岗的"失业"，另一方面又存在着有岗无人做的"空位"。出现结构性失业时，劳动者往往需要再培训或迁移才能找到工作。

扩展阅读 7-2

未雨绸缪，提前应对

当前，中国经济已由高速增长向高质量发展转变，随着产业结构升级，AI（人工智能）技术快速发展，制造业、服务业数字化转型，某些行业和职位的需求增加，而另一些行业和职位的需求又在减少。就业的结构性矛盾更加突出，"招工难"与"就业难"问题并存，且有常态化的趋势。

在校大学生要未雨绸缪，正确认识当前的就业形势，学会做一名"聪明"的就业者，主动为就业做结构性准备。你迈入大学时读的是热门专业，在毕业时，社会需要的知识结构可能已经发生了变化。如果你就读的专业是热门专业，一定要在这个领域做精做强；如果你就读的是一个相对冷门的专业，也不用悲观，可以向前一步，跨专业选修或自学其他专业课程，将自己培养为"跨界"人才。在毕业前的最后一年，应多学习一些与职业目标相关的知识和职业技能，提升自己的职业竞争力。

思考:

你知道哪些曾经热门的行业,现在成了冷门?

 笔记: _____

_____

_____

_____

3. 周期性失业

周期性失业又称需求不足的失业,是指经济发展处于经济周期中的衰退期或萧条期时,由于对劳动力需求下降而造成的失业。这是一种最严重、最常见的失业类型。当经济繁荣时,劳动需求量大,众多的失业者被迅速吸收,社会趋于充分就业状态。当经济衰退时,生产出现过剩,经济陷入萧条,企业会减少生产、解雇工人,从而导致失业人数增加。

由于人们对经济周期到来的时间、持续时间、影响的深度和广度缺乏足够的认识,因此,这种失业难以预测和防范。

扩展阅读 7-3

充分就业

与失业相对应的另一个热词是"充分就业"。充分就业并不是指人人都有工作,而是指消灭了周期性失业时的就业状态。这时社会上仍会存在摩擦性失业和结构性失业,但几乎所有能够并愿意在现有工作条件下工作的人都能找到工作。

充分就业率的高低,取决于劳动市场的完善程度和经济状况等因素。充分就业率由各国政府根据实际情况确定,各国在各个时期所定的充分就业率都不同。一般当失业率为5%左右时,即被认为实现了充分就业。

四、失业对社会经济的影响

失业会给经济、社会甚至政治带来不良后果,因此各国政府在制定所有宏观经济政策时,都要考虑对失业率的影响。

1. 对个人的影响

对个人而言,失业会使失业者及其家庭的收入显著减少,消费水平下降,并对失业者的心理造成影响。若年轻人长期失业,不仅浪费了人力资源,也降低了他们今后就业的竞争力;若中老年人失业,问题就更为严重,因为企业通常不愿意聘用年龄较大的员工,这意味着他们再就业的难度更大。

有心理学研究表明,被解雇所造成的心理冲击不亚于亲友离世或学业失败。此外,失业还会造成失业者的焦虑和不满,会导致社会犯罪率、离婚率上升,甚至有可能引起社会动乱。

2. 对政府的影响

对政府而言,失业将加大政府运行的成本。为了维持失业者最基本的生活,政府往往要为失业者提供失业救济和最低生活保障,这些转移支付必将增加政府的运行成本。如果失业率过高,社会经济将不堪重负,一些国家会因此出现巨额财政赤字。

由于过高的失业率会给社会带来极其严重的经济后果,所以几乎所有国家都把失业问题作为社会发展的头号敌人,把控制失业率作为政府工作的重要内容之一。

扩展阅读 7-4

奥肯定律

美国著名经济学家阿瑟·奥肯于 1962 年提出了著名的"奥肯定律"。该定律论证了失业率与 GDP 增长率两者呈反方向变化的关系,即高 GDP 增长率会使失业率降低,低 GDP 增长率则会使失业率升高。这是因为经济增长速度快,对劳动力的需求量相对较大,就业水平高,失业率就低;反之,经济增长速度慢,对劳动力的需求量相对较小,就业水平低,失业率就高。根据奥肯定律,实际 GDP 增长比潜在 GDP [指一个国家(地区)在充分就业状态下所能达到的

GDP］增长每快2％，失业率就下降1个百分点；实际GDP增长比潜在GDP增长每慢2％，失业率就上升1个百分点。

奥肯定律的一个重要结论是：为防止失业率上升，实际GDP增长必须与潜在GDP增长同样快。如果想要降低失业率，实际GDP增长必须快于潜在GDP增长。

第二节　通 货 膨 胀

一、通货膨胀的含义

通货膨胀是指一般物价水平普遍而且持续上涨的经济现象。

需要注意的是，通货膨胀所造成的物价上涨是物价总水平的普遍持续上涨。具体来说，就是通货膨胀所引起的物价上涨是全局性的、普遍的、持续的，不仅大中城市，而且就连小城镇、农村的物价也全面上涨。由于短期的供不应求等而导致的个别商品价格上涨不是通货膨胀；由于某种原因而导致的个别地区物价上涨，也不是通货膨胀。

二、通货膨胀的衡量

经济学中常用物价指数来衡量一个国家（地区）是否发生了通货膨胀。我们在新闻媒体上看到的物价指数主要有两个：居民消费价格指数与生产者价格指数，这里只介绍居民消费价格指数。

居民消费价格指数（Consumer Price Index，CPI）又称零售物价指数或生活费用指数，是最常用的衡量通货膨胀水平的指标。CPI用来说明消费者在一段时间之内购买商品所付出的总费用的变化情况。在使用这个指标时，有关统计机构首先要选择一组居民日常生活中不可缺少的商品，确定它们各自的权数，然后就不同时期居民对这些商品支出的变动情况进行调查，最后根据调查结果计算出居民消费价格指数的数值。按照国际标准，当CPI连续超过3％时，就意味着发生了通货膨胀。

想了解中国居民消费价格指数是如何计算的，参见本章知识链接7-1。

课堂讨论

娜娜上个月在超市发现她常买的化妆品、牙膏与饮料的价格涨幅都超过了20％，而国家统计局公布的CPI数据只有5％。因此，她对统计局公布的CPI持怀疑态度。

你同意她的观点吗？为什么？

笔记：

___

扩展阅读 7-5

遗 憾 指 数

遗憾指数又称痛苦指数，是指通货膨胀率与失业率之和。例如，若通货膨胀率为4％，失业率为5％，则遗憾指数为9％。这一指数说明了人们对宏观经济状况的感受，该指数越大，说明人们对宏观经济状况越不满。

三、通货膨胀的类型

根据通货膨胀的严重程度与特征，通常可将通货膨胀分为以下三种类型：

1. 温和的通货膨胀

温和的通货膨胀是指每年物价上升的比例不超过10％。在这种情况下，人们对价格的走势是完全可以预期的，因此，社会上不会出现明显的恐慌心理。目前，许多国家都存在这种温和的通货膨胀。

2. 加速的通货膨胀

加速的通货膨胀也称奔腾的通货膨胀。其特点是：通货膨胀率高达两位数到三位数，年通货膨胀率为10%～100%。在这种情况下，人们对货币的信心产生动摇，会寻找机会抢购商品，不愿意继续持有货币，经济社会可能发生动荡。因此，这是一种较危险的通货膨胀。

3. 恶性的通货膨胀

恶性的通货膨胀又称超速的通货膨胀。其特点为：通货膨胀率一般达到三位数以上，而且完全失去控制。这种通货膨胀在经济发展史上是很少见的，通常发生于战争或社会大动乱时期。例如，1922—1923年的德国，1945—1946年的匈牙利，1971—1981年的智利，1975—1992年的阿根廷，1988—1991年的秘鲁，以及2018年的委内瑞拉，都发生过恶性的通货膨胀。其中，委内瑞拉的通货膨胀率超过30000%。

1. 请分析本章案例导入中津巴布韦的通货膨胀属于哪种类型。
2. 请分析我国当前的通货膨胀属于哪种类型。

 笔记：

四、通货膨胀对社会经济的影响

通货膨胀对社会经济的影响主要表现在以下四个方面：

1. 通货膨胀有利于雇主而不利于雇员

由于通货膨胀难以准确预测，在短期内雇员的名义工资不能迅速得到相应调整，因此，物价上涨使得其实际工资下降。对雇主来说，这就意味着实际支出（成本）下降，从而导致利润增加。

2. 通货膨胀有利于债务人而不利于债权人

这是因为，如果借贷双方没有考虑通货膨胀的影响，以固定利率发生借贷关系，则一旦发生通货膨胀,实际利率就要下降。结果自然是债务人所付出的实际利息减少,债务人得益,债权人受损。

3. 通货膨胀有利于实物资本持有者而不利于货币持有者

这是因为:随着物价上升,实物(商品)资本的实际价值可以基本保持不变,持有者没有损失;而货币持有者手中的货币却没有保值,相反还要贬值,即使存在银行里,因其实际利率下降,也要蒙受一定的损失。

4. 通货膨胀有利于政府而不利于公众

因为不能准确预测通货膨胀,所以工资虽会有所增加(甚至不增加),实际工资却难以保持原有水平(甚至会下降)。但名义收入的上升,却使得达到纳税起征点和更高税率者增多,从而使得政府的税收增加。

扩展阅读 7-6

通 货 紧 缩

与通货膨胀时物价持续上涨、货币贬值会影响人们的日常生活一样,通货紧缩也是一个与每个人都息息相关的经济问题。通货紧缩有三个基本特征:一是物价的普遍持续下降;二是货币供给量的连续下降;三是有效需求不足,经济全面衰退。

通货紧缩的危害在于:消费者预期价格将持续下跌,从而延后消费,使当前需求受到打击;投资期资金实质成本上升,回收期延长,令回报率降低,从而遏止投资。此外,通货紧缩使物价下降,意味着个人和企业的负债增加了,因为持有资产实际价值缩水了,而对银行的抵押贷款却没有减少。比如,人们按揭购房,通货紧缩可能使购房人拥有房产的价值远远低于他们所承担的债务。与通货膨胀相比,通货紧缩是一个让各国经济政策制定者都难以应对的问题。

通货紧缩对经济造成的危害远远大于通货膨胀。一旦通货紧缩和庞大的债务结合起来,必然会造成严重的财政问题;而严重的财政问题又会使通货紧缩加剧,从而不利于经济的发展。

思考：

你认为我国经济目前处于通货膨胀状态还是通货紧缩状态？为什么？

 笔记：

本章要点回顾

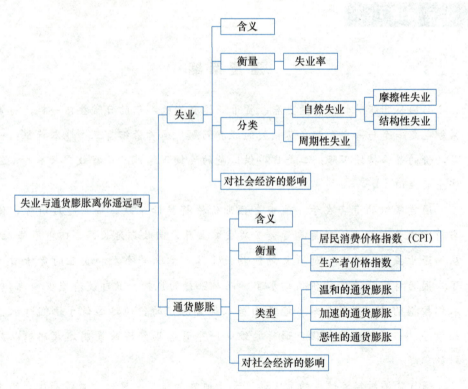

学以致用

一、单项选择题

1. 充分就业意味着（ ）。

   A. 人人都有工作，没有失业者

   B. 消灭了自然失业时的就业状态

   C. 消灭了周期性失业时的就业状态

   D. 消灭了摩擦性失业时的就业状态

2. 当经济中只存在（ ）时，该经济状态被认为实现了充分就业。

   A. 摩擦性失业　　　　　　　　B. 摩擦性失业和结构性失业

   C. 结构性失业　　　　　　　　D. 周期性失业

3. 结构性失业是（ ）。

   A. 有人不满意现有工作，离职去寻找更理想的工作所造成的失业

   B. 由于劳动力技能不能适应劳动力需求的变动所引起的失业

   C. 由于某些行业的季节性变动所引起的失业

   D. 经济中由于劳动力的正常流动而引起的失业

4. 以下情况可称为通货膨胀的是（ ）。

   A. 物价总水平上升持续一个星期后又下降了

   B. 物价总水平上升而且持续一年

   C. 一种物品或几种物品的价格水平上升且持续了一年

   D. 物价总水平下降而且持续了一年

5. 居民消费价格指数是指（ ）。

   A. 消费物价指数　　　　　　　B. 效用指数

   C. 遗憾指数　　　　　　　　　D. 生产者价格指数

6. 通货膨胀会使债务人的利益（ ）。

   A. 增加　　　B. 减少　　　C. 不变　　　D. 不确定

二、多项选择题

1. 失业通常可以分为哪几种类型？（ ）

   A. 周期性失业　　　　　　　　B. 摩擦性失业

C. 结构性失业　　　　　　　　D. 包括 A、B、C

2. 按照价格上涨的幅度加以区分，通货膨胀包括（　　）。

A. 温和的通货膨胀　　　　　　B. 加速的通货膨胀

C. 恶性的通货膨胀　　　　　　D. 平衡的通货膨胀

三、简答题

1. 失业主要有哪些类型？
2. 什么是通货膨胀？衡量通货膨胀的指标是什么？
3. 根据通货膨胀的严重程度可将通货膨胀分为哪几类？

笔记：

四、案例分析题

（一）资料

"今年是最难毕业季"，似乎每年都在说这句话。从 2001 年开始，我国的大学毕业生人数每年都创新高，2001 年只有 115 万，2024 年却高达 1179 万。一方面，就业总体压力依然很大，劳动力供大于求的格局并未改变；另一方面，就业的结构性矛盾进一步加剧，企业"招工难"与大学生"就业难"问题并存，且有常态化趋势。随着我国经济结构调整和产业升级不断加快，就业结构性矛盾会更加突出，大学生就业难的问题还将持续下去。

（二）要求

1. 请你联系所在地区和学校的实际，分析大学毕业生就业难的原因。
2. 面对大学毕业生"就业难"问题，你准备如何应对？

笔记：

知识链接 7-1

你身边的统计指标——居民消费价格指数（CPI）[①]

居民消费价格指数是度量消费商品价格水平随着时间变动的相对数，反映居民购买的商品价格水平的变动趋势和变动程度。其按年度计算的变动率通常被用来反映通货膨胀或通货紧缩的程度；CPI及其分类指数还是计算GDP及资产、负债、消费、收入等实际价值的重要参考依据。

CPI的编制方法是在众多计量对象中选择代表规格品，采集其价格数据，计算它们的平均价格和个体价格指数，然后运用几何平均法计算出基本分类价格指数，再运用加权平均法逐级计算小类、中类和大类价格指数，直至总价格指数。其计算过程如下：

首先，国家统计局和地方统计部门分级确定用于计算CPI的商品以及调查网点。国家统计局根据全国城乡居民家庭消费支出的抽样调查资料统一确定商品的类别，设置食品烟酒、衣着、居住、生活用品及服务、交通通信、教育文化娱乐、医疗保险、其他用品及服务8大类268个基本分类，基本涵盖了城乡居民的全部消费内容。全国抽选约500个市县，确定采集价格的调查网点，包括食杂店、百货店、超市、便利店、专业市场、专卖店、购物中心、农贸市场、服务消费单位等共6.3万个。

其次，按照"定人、定点、定时"的方式，统计部门派调查员到调查网点现场采集价格。目前，分布在全国31个省（自治区、直辖市）500个调查市县的价格调查员共4000人左右。价格采集频率因商品而异，对于CPI中的粮食、猪牛羊肉、蔬菜等与居民生活密切相关、价格变动相对比较频繁的食品，每5天调查一次价格；

[①] 居民消费价格指数［EB/OL］（2023-2-24）［2024-6-11］. https://www.stats.gov.cn/zs/tjll/tjzs/202302/t20230224_1918473.html.

对于服装鞋帽、耐用消费品、交通通信工具等大部分工业产品，每月调查2~3次价格；对水电等政府定价项目，每月调查核实一次价格。

最后，根据审核后的原始价格资料，计算单个商品以及268个基本分类的价格指数。然后根据各类别相应的权数，再计算类别价格指数及CPI。

我国CPI中的权数，主要是根据全国城乡居民家庭各类商品的消费支出详细比重确定的。CPI汇总计算方法采用链式拉氏公式，编制月环比、月同比，以及定基价格指数。

CPI等于100，表明报告期与基期相比综合物价没有变化；CPI大于100，说明报告期与基期相比综合物价上升，CPI越高，反映物价上涨得越多；CPI小于100，说明报告期与基期相比综合物价下降。

第八章
经济增长的源泉是什么

 学习目标

【知识目标】

- 了解经济增长的含义
- 理解经济增长的源泉
- 掌握经济周期四个阶段的特点

【技能目标】

- 能用本章所学知识,初步判断当前我国在经济周期中所处的阶段

【素养目标】

- 理解"创新是引领发展的第一动力""人才是第一资源"的理念

 **案例导入**

党的十八大以来，我国经济实力实现历史性跃升

党的十八大以来，我国经济实力实现历史性跃升。在科学有效的宏观调控作用下，我国战胜多种困难挑战，经济实力、综合国力、国际影响力大幅提升。2013—2023年，经济实现了年均6.1%的中高速增长，增速居世界主要经济体前列，对世界经济增长年均贡献率超过30%。2023年，经济总量超过126万亿元，按不变价计算比2012年增长92.4%，占世界经济比重达18%左右，比2012年提高约7个百分点，稳居世界第二位。人均GDP实现新突破，2023年达89538元，按年平均汇率折算达12681美元，连续三年超过1.2万美元。在经济保持中高速增长的同时，就业物价总体稳定，2013—2023年累计实现城镇新增就业超1.4亿人；国际收支基本平衡，近年来外汇储备规模稳定在3万亿美元以上。①

中国经济韧性强、潜力足、回旋余地广，长期向好的基本面没有变也不会变。中国有信心、更有能力实现长期稳定发展，并不断为世界带来新动力、新机遇。

 思考：

（1）经济增长的源泉是什么？
（2）一国（地区）的经济是否能一直保持稳定增长？
（3）你知道经济周期吗？

 笔记：

---

① 熊丽.我国经济实力实现历史性跃升[N].经济日报,2024-07-16(3).

第八章 经济增长的源泉是什么

第一节 经济增长

一、经济增长的含义

经济增长是指一国（地区）在一定时期内生产的产品（包括劳务）总量的增加，通常用一国（地区）实际 GDP 的年增长率来衡量。

经济增长问题是世界各国（地区）都十分关注的问题，一个国家（地区）要想在激烈的国际竞争中掌握主动权，就必须有强大的经济实力作保证。如果一国（地区）经济长期增长缓慢，则其必定会被世界淘汰。自 1978 年改革开放以来，我国经济持续高速增长，综合国力显著增强，人民生活不断改善，国际地位日益提高，为全面推进中华民族伟大复兴奠定了坚实的物质基础。

扩展阅读 8-1

透过 GDP 数字看经济增长

我国改革开放以来 GDP 增长率与 GDP 总量如表 8-1 所示。

表 8-1 我国改革开放以来 GDP 增长率与 GDP 总量[①]

年 份	GDP 增长率/%	GDP 总量/亿元	年 份	GDP 增长率/%	GDP 总量/亿元
1978	—	3645	1987	11.6	12059
1979	7.6	4063	1988	11.3	15043
1980	7.8	4546	1989	4.1	16992
1981	5.3	4892	1990	3.8	18668
1982	9.0	5323	1991	9.2	21782
1983	10.9	5963	1992	14.2	26924
1984	15.2	7208	1993	14.0	35334
1985	13.5	9016	1994	13.1	48198
1986	8.9	10275	1995	10.9	60794

---

① 根据国家统计局公布数据整理。

续表

年 份	GDP 增长率/%	GDP 总量/亿元	年 份	GDP 增长率/%	GDP 总量/亿元
1996	10.0	71177	2010	10.3	397983
1997	9.3	78973	2011	9.2	471564
1998	7.8	84402	2012	7.8	519322
1999	7.6	89677	2013	7.7	568845
2000	8.4	92215	2014	7.4	636463
2001	8.3	109655	2015	6.9	689052
2002	9.1	120333	2016	6.7	744127
2003	10.0	135823	2017	6.9	827122
2004	10.1	159878	2018	6.6	900309
2005	10.2	183085	2019	6.1	990865
2006	11.6	211924	2020	2.3	1015986
2007	11.9	249531	2021	8.7	1143670
2008	9.0	300670	2022	3.0	1210207
2009	8.7	354554	2023	5.2	1260582

 思考：

根据表 8-1 中 1978—2023 年我国 GDP 总量的变化情况，请谈谈：

(1) 你对我国未来的经济增长有信心吗？

(2) 我国持续 40 多年的经济增长给你的家乡和家庭带来了哪些变化？

 笔记：

二、经济增长与经济发展的区别

经济增长与经济发展是两个密切联系的概念。经济增长通常用实际 GDP 的年增加率来衡量。而经济发展除包含经济增长外，还包含经济结构的变化（如产业结构的优化、消费结构的升级）、社会结构的变化（如人口文化教育程度的提高、寿命的延长、婴儿死亡率的下降）、环境的治理和改善、收入分配的变化（如社会福利的增进、贫富差距的缩小）等。所以，经济增长是经济发展的基础，没有经济增长就不会有经济发展，当然也有可能出现有增长而无发展的情况。因此，只有把经济发展作为目标，经济增长与经济发展相配合，才能实现国民经济持续、健康、全面发展。

三、经济增长的源泉

1. 人力资源

人力资源也就是劳动力，包括劳动力的数量和劳动力的质量。世界各国的实践表明，劳动力的质量是一个国家经济增长的最重要的因素。一个国家在经济发展中，光有一流的技术和先进的机器设备是远远不够的，还必须有一大批能掌握一流技术、能操控先进设备并不断创新的高素质技术技能人才。因为，在经济全球化的大背景下，一般的技术和机器设备都可以通过进口来解决，但核心技术和某些先进设备是买不来的。核心技术要掌握在自己手中，就必须有一批高素质技术技能人才去不断开发新产品。

改革开放以来，我国政府在高度重视发展普通高等教育的同时，也大力发展职业教育，为全面提升劳动者素质，造就一支有理想守信念、懂技术会创新、敢担当讲奉献的劳动者大军，为我国 40 多年的经济高速增长提供了先决条件，也为我国经济由高速增长阶段转向高质量发展阶段奠定了良好基础。

扩展阅读 8-2

职业教育肩负向国家输出宝贵人力资源的重要使命

在一个职业分工结构合理的社会，技能型人才是不可或缺的。而高技能人才的涌现离不开高质量的职业教育。作为国民教育体系和人力资源开发的关键部分，职业教育肩负着培养多样化人才、传承技术技能、促进就业创业的重要职责。高质量的职业教育能够为社会输出更多既有创新意识又有制造功底的高素质技术技能人才,加速推动经济社会转型升级。

党的十八大以来,党中央、国务院高度重视职业教育。职业教育是国民教育体系和人力资源开发的重要组成部分,是广大青年打开通往成功成才大门的重要途径,肩负着培养多样化人才、传承技术技能、促进就业创业的重要职责,必须高度重视、加快发展。近年来,我国职业教育实现了历史性的新跨越:建成世界上规模最大的职业教育体系,形成中国特色现代职业教育体系的基本框架,服务区域经济发展、促进社会公平等作用进一步彰显。

 思考:

天生我材必有用。人才是多层次的,科学家是人才,高级技工学校培养的高级技工是人才,高职院校培养的具有高技能的毕业生也是人才。中国不仅需要像钱学森那样杰出的科学家,也需要能够把这些科学家的设想变成产品的高级技工与高技能型人才。请结合你的专业,谈谈你准备如何成为高素质的技能型人才。

 笔记:

2. 自然资源

自然资源主要包括耕地、石油、天然气、森林、水资源和矿产资源等。一些高收入国家(如加拿大和挪威),就是凭借其丰富的自然资源在农业、渔业和林业等方面获得高产出而发展起来的。与它们类似,美国因拥有优越的自然条件和广阔的良田,才成为当今世界最重要的农产品生产国和出口国。

但是,在当今世界,自然资源的拥有量并不是一国(地区)经济发展取得成功的必要条件,南非的黄金与钻石储量在世界上都排名第一,但目前南非的经济发展状况仍然不容乐观;反之,日本作为一个自然资源极度匮乏的岛国,通过大力发展劳动密集型和资本密集型产业,而获得经济的高速增长,成为世界经济强国。这也在一定程度上说明了自然资源与影响经济增长的其他要素之间的辩证关系。

 思考：

结合你所在地区的实际分析一下，在影响当地经济增长的因素中，自然资源是否起到了很大的作用。

 笔记：

_____

_____

_____

3. 资本

资本可分为物质资本和人力资本。这里所说的资本是指物质资本，主要包括生产过程中使用的各种生产设备、厂房等。

资本的规模与结构反映着一个国家（地区）的生产能力水平，对于我国这样的发展中国家来说，经济的腾飞就像发动一架飞机，投资的作用就是这架"飞机"的推进力，如果没有资本，"飞机"是根本"飞"不起来的。

资本对经济增长的重要程度对发达国家和发展中国家是不一样的。对发展中国家而言，资本属于相对稀缺的资源，经济增长受资本的影响相对较大。而对发达国家而言，由于资本已经达到饱和的程度，因此经济增长不再主要依赖资本的供给。

改革开放初期，我国经济增长受资金短缺制约。为吸引外资，我国政府一直致力于改善投资环境。良好的投资环境与巨大的市场潜力，吸引了全世界众多企业纷纷落户。企业投资规模从小到大、投资水平由低到高、投资区域从沿海到内地，形成了我国改革开放进程中一道独特而又亮丽的风景。改革开放以来，我国实际利用外资持续增加，已成为全球跨国公司重要的投资目的地。同时，我国也从资本净输入国变为净输出国。至2022年年底，境内投资者在全球190余国（地区）设立境外企业约4.7万家。① 这标志着经过40多年改革开放，我国正从经济大国迈向经济强

---

① 我国对外投资规模保持世界前列[EB/OL]．(2023-10-8)[2024-6-15]．https://news.gmw.cn/2023-10/08/content_36876275.htm.

国，必将对世界经济体系调整产生深远影响。

> **扩展阅读 8-3**
>
> ### 港澳同胞率先投资内地
>
> 1978 年 9 月，中共十一届三中全会召开之前，一位港商来到广东东莞开办了太平手袋厂，获得原国家工商总局发放的"三来一补"企业的第一个牌照，该厂成为广东同时也是内地第一家来料加工厂；1979 年，香港企业家伍淑清注册北京航空食品公司，这家公司成为中国第一家合资企业；1983 年，由港商霍英东与内地合资开办的白天鹅宾馆在广州正式开业，这是内地首批五星级宾馆之一。
>
> 港澳同胞凭借毗邻广东这种地理上的优势，满怀爱国、爱乡之情，率先投资内地，屡开历史先河。截至 2023 年年底，广东省港澳资法人企业达 9.6 万户，2023 年新登记港澳资法人企业 0.8 万户。① 广东省港澳资企业不断增长是双向奔赴、融合发展，在广东与港澳地区发展融合中释放出磅礴发展的力量。

 思考：

外资到中国来的目的是追逐利润，为什么我们还要引入外资？

 笔记：

4. 技术进步

技术进步被誉为经济增长的关键发动机，其作用主要体现在生产率的提高上，

---

① 勇夺"四个第一"，广东如何做到？[EB/OL]．（2024-1-3）[2024-6-15]．https：//www. foshan. gov. cn/zwgk/rdzt/cxlkxjgzlfzkfs/ywbd/content/post_5877438. html.

即技术进步后同样的生产要素投入量能产出更多的产品。

随着现代社会科学技术水平的不断发展,技术进步由于其巨大的发展潜力已经成为影响经济增长速度和质量的最重要的因素。技术进步不仅包括新的生产技术,还包括新的管理方法和新的企业组织形式等。

一般情况下,技术进步与新知识的发现紧密相连,这些新知识有助于企业利用新的方法来组合使用稀缺的资源,以实现更大规模的产出。世界各国,尤其是在发达国家,技术进步在国民经济增长中所占比重越来越大。在美国、日本、德国等发达国家,技术进步对经济增长的贡献远远超过我国。改革开放之初,我国从国外引进大量资本,促成了我国经济的腾飞。今天,我国不仅重视引进国外的资本,更加注意引进国外的技术,同时在自主创新上下足了功夫,目的就是提高我国的技术对经济增长的贡献,因为技术进步水平在很大程度上决定了经济增长的速度和质量。

扩展阅读 8-4

创新驱动　增益世界[①]

世界知识产权组织发布的《2023年全球创新指数》显示,中国排名第12位,其中6个指标排名世界第一;中国拥有24个全球顶级科技集群,在全球顶级科技集群排名中首次跃居世界第一……多项数据都表明,迈入创新型国家行列的中国,科技创新能力正在持续提升。

中国科技创新成果不断转化,为经济高质量发展增添新动能。以新一代信息技术、生物技术、高端装备、绿色环保等为代表的战略性新兴产业在中国发展迅速,云计算、大数据、区块链、人工智能等数字技术与传统产业深度融合,新产业、新业态、新商业模式等"三新"经济蓬勃发展,成为经济发展的重要引擎。

中国科技创新催生众多新业态,开辟出增量发展新空间。在数字经济领域,中国在数字支付、电子商务、物联网、人工智能等领域的创新有力推动着全球

---

① 新华时评:创新驱动　增益世界——读懂中国经济的"大逻辑"之三[EB/OL]. (2023-12-28)[2024-6-15]. https://politics.gmw.cn/2023-12/28/content_37056978.htm.

数字经济发展。美国麦肯锡咨询公司的报告认为，作为应用数字技术的先行者，中国正在改写全球数字化格局，并为远在海外的创业公司提供支持和启迪，极有可能对全球经济产生重大影响。在绿色经济领域，中国在风能、太阳能开发利用和新能源汽车等领域的创新极大推动了全球能源结构的绿色转型。

中国对外共享科技创新资源，为世界带来更多发展新机遇。中国与160多个国家和地区建立科技合作关系，签订了116个政府间科技合作协定，在"一带一路"共建国家建成20多个农业技术示范中心和70多个海外产业园，建立了10个海外科教合作中心，建设了9个跨国技术转移中心。

第二节 经济周期

一、经济周期的含义

自1825年英国爆发了世界上第一次生产过剩的经济危机以来，在资本主义经济中繁荣与萧条的交替出现已成为引人注目的经济现象。迄今为止，没有任何一种经济能够始终维持繁荣，每种经济都是在衰退与复苏的周期性波动中不断发展的。经济从繁荣走向衰退、再从衰退中复苏的这种反复出现的现象带有一定的规律性。我们把经济运行中出现的经济扩张与经济紧缩交替更迭、循环往复的现象称为经济周期。经济周期有以下三个特点：

(1) 经济周期是现代经济中不可避免的波动；

(2) 经济周期是总体经济活动相关指标（如 GDP、失业率、物价水平、利率、对外贸易等）的波动；

(3) 虽然每次经济周期并不完全相同，但它们却有共同点，即每个周期都是繁荣与萧条的交替。

二、经济周期的四个阶段

人们往往将经济周期划分成四个阶段：繁荣、衰退、萧条和复苏，其中每个阶段都具有不同的特点。图 8-1 所示为经济周期变动曲线图。

第八章 经济增长的源泉是什么

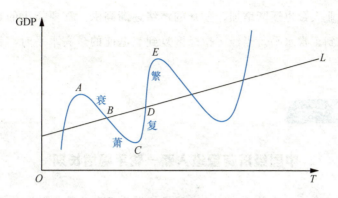

图 8-1 经济周期的四个阶段

在图 8-1 中,纵轴代表 GDP,横轴代表时间,向右上方倾斜的直线 L 代表正常的经济活动水平。从图中我们可以看到经济周期的运行带有明显的阶段性特征。A 为一个顶峰,$A-B$ 为衰退阶段,$B-C$ 为萧条阶段,C 为谷底,$C-D$ 为复苏阶段,$D-E$ 为繁荣阶段,E 为又一个顶峰。从 A 至 E 为一个经济周期。

经济周期四个阶段的特点分别如下:

1. 繁荣阶段

繁荣阶段是经济扩张和持续增长达到高峰的阶段。在这一阶段,经济总量与经济活动高于正常水平,生产迅速增加,投资增加,信用扩张,价格水平上升,就业增加,公众对未持乐观态度。繁荣阶段的最高点为顶峰,这时就业与产量水平达到最高。

2. 衰退阶段

衰退是指经济由繁荣的高峰向下跌落,衰退阶段是经济由繁荣转为萧条的过渡阶段。在这一阶段,生产急剧减少,投资减少,信用紧缩,价格水平下降,企业纷纷破产倒闭,失业急剧增加,公众对未来持悲观态度。

3. 萧条阶段

萧条阶段是经济不景气的低谷阶段,是衰退的继续和结果。在萧条阶段,GDP 总量与经济活动低于正常水平。萧条的最低点为谷底,这时就业与产量跌至最低。到谷底后,生产、投资、价格水平等不再继续下降,失业人数也不再增加。

4. 复苏阶段

复苏阶段是指经济由极度不景气逐渐回升的阶段。在这一阶段,经济开始从低谷全面回升,投资不断增加,商品价格水平、股票价格、利息率等逐渐上升,信用逐渐活跃，就业人数也逐渐增加，公众的情绪逐渐高涨。需要指出的是，这一阶段的经济仍未达到正常水平。当经济指标恢复到衰退前的最高水平时，就进入了新一轮的繁荣阶段。

扩展阅读 8-5

中国经济有望进入新一轮平稳增长期①

从长期视角看，改革开放以来我国经济增长经历了两个阶段。

第一阶段是从改革开放初到2012年。这一阶段，我国经济在强劲需求的拉动下实现了高速增长。这一阶段，在绝对要素成本优势下，以中低端制造业驱动的投资及出口贸易快速增长；在集中力量办大事、地方政府发展经济积极性及高储蓄三大体制优势下，基础设施适度超前发展；在房改以及土地招拍挂改革下，房地产投资持续提升。尽管在这个阶段，我国经历了20世纪90年代初期短暂的高通胀，以及1998年和2008年两次国际金融危机的冲击，但是经济强劲增长的动能和趋势都未改变。

第二阶段是2013—2023年。这是我国的经济转型期。随着内外部环境及产业结构的变化，自2013年起我国相继经历了中低端制造、基建投资及房地产投资三大传统需求的退潮，与此同时，以高端制造、信息技术及科技创新为主的经济新动能尚在培育发展过程中。自2010年起，我国高技术产业增加值同比保持高速增长，平均高于规模以上企业工业增加值增速4个百分点，然而在体量规模上，2022年以新产业、新业态、新商业模式为核心的"三新"经济增加值占GDP的比重仅为17.36%，新动能还难以弥补传统动能退潮带来的缺口。在新旧动能转换期，我国经济增速从10%左右的高水平逐级下台阶，这在宏观上表现为总需求增速下降，在微观上表现为企业业绩不稳定性提升、可预期性下降，企业经营压力持续加大。

随着我国经济需求端结构调整基本到位，经济内生动能逐步稳定，从2024年起我国经济有望步入新一轮平稳增长期，以5%左右的增长中枢实现平稳发展。

---

① 杨成长,龚方,方思元.上证观察家|中国经济将进入新一轮平稳增长期[EB/OL]（2023-12-9）[2024-6-15］.https://finance.eastmoney.com/a/202312092928595477.html.

三、经济周期的分类

按照经济周期的时间长短,人们将经济周期划分为长周期、中周期和短周期三种类型。

1. 长周期

1925 年,苏联经济学家康德拉季耶夫在《经济生活中的长期波动》中研究了美国、英国、法国和其他一些国家经济波动的资料,发现经济中存在着为期 54 年的周期性波动,这就是长周期,又称康德拉季耶夫周期。康德拉季耶夫把 18 世纪 80 年代末到 1920 年的这一时期划分为三个长周期:第一个长周期为 1789—1849 年,上升部分 25 年,下降部分 35 年,共 60 年;第二个长周期为 1849—1896 年,上升部分 24 年,下降部分 23 年,共 47 年;第三个周期从 1896 年起,上升部分 24 年,到 1920 年以后进入下降时期。

2. 中周期

1860 年,法国经济学家克里门特·朱格拉在《论法国、英国和美国的商业危机以及发生周期》一书中提到,市场经济存在着 9~10 年的周期波动。朱格拉把社会经济运动划分成繁荣、危机与萧条三个阶段,三个阶段的反复出现就形成了所谓的经济周期现象。他指出,在某种程度上这种周期性波动是可以被预见或采取某种措施缓和的,但不可能完全抑制。

3. 短周期

1923 年,英国经济学家约瑟夫·基钦在《经济因素中的周期与倾向》中指出,经济周期实际上有主要周期与次要周期两种。主要周期即中周期,次要周期为 3~4 年的短周期。

四、经济周期的成因

对于经济周期的成因,经济学家从不同的角度进行了研究,主要形成了以下几个理论。

1. 创新理论

创新理论由奥地利经济学家约瑟夫·熊彼特提出。该理论把出现经济周期的原因归为科学技术的创新,由于科学技术的创新不可能持续不断地出现,因此经济就会出现周期性波动。熊彼特认为，创新是指对生产要素的重新组合，比如，采用新技术、新工艺、新材料等。而对生产要素的重新组合会刺激经济的发展。当生产要素的新老组合在市场上共存时，必然会给新组合的创造者提供获利条件。随着创新的普及、赢利机会的消失，经济的增长就会基本处于停滞阶段，从而引起经济衰退，直到下一次创新出现，经济才会再次繁荣。

2. 投资过度理论

投资过度理论认为，经济衰退不在于投资太少，而在于投资过多。不管什么原因引起的投资增加都会引起经济繁荣。这种繁荣首先表现在对投资品（生产资料）需求的增加及投资品价格的上升上，这就更进一步地刺激了投资。由于投资过多，与消费品生产相对比，投资品生产发展过快。投资品生产的过度发展促使经济进入繁荣阶段，但投资品过度生产会导致投资品过剩，进而会使经济进入萧条阶段。投资过度理论把经济的周期性循环归因于投资过度。

3. 消费不足理论

消费不足理论认为，经济衰退的原因在于居民收入中用于储蓄的部分过多、用于消费的部分不足，居民对消费品需求的增长赶不上社会对消费品生产的增长，而消费不足又引起对投资品需求不足，进而使整个经济出现过剩性危机。这种消费不足的根源在于社会收入分配不均，穷人购买力不足，而富人储蓄过度。

4. 心理预期理论

心理预期理论的主要代表人物是英国经济学家庇古和凯恩斯。该理论强调心理预期对经济周期各个阶段有决定性作用，乐观与悲观预期的交替引起了经济周期中繁荣与萧条的交替。当任何一种原因刺激了投资活动、引起高涨后，人们对未来预期的乐观程度一般总超过合理的经济考虑下应有的程度。这将导致过多的投资，引发经济过度繁荣。而当这种过度乐观的情绪所造成的错误被觉察以后，又会导致过分悲观的预期，由此会过度减少投资从而引起经济萧条。于是，乐观预期和悲观预期的交替便引起了经济周期中的繁荣与萧条，经济也就周期性地发生波动。

5. 政治性周期理论

政治性周期理论把经济周期的根源归于政府对通货膨胀采取的周期性制止政策。该理论认为经济周期与经济政策和政策的稳定性紧密相关。政府为了维持较高的经济增长速度，往往扩大总需求，从而导致通货膨胀。政府制止通货膨胀的唯一方法是人为地制造一次衰退。当经济出现衰退后，政府在人民的压力下又不得不再次执行充分就业政策，结果又推动了新的高涨，也就不可避免地会出现第二次人为衰退。

6. 货币周期理论

货币周期理论认为经济周期是一种纯货币现象，经济的周期性波动完全是银行体系交替地扩大和紧缩信用造成的。当银行体系降低利率、扩大信用、增加贷款时，会导致生产扩张，供给增加，收入和需求进一步上升，物价上涨，使经济进入繁荣阶段。当经济过度繁荣引发通货膨胀后，银行体系又会收缩银根、减少贷款，这会导致订货量下降，供过于求，经济进入萧条阶段。萧条阶段资金逐渐向银行集中，到一定程度时银行体系继而又会采取措施扩大信用，促进经济复苏。所以是银行体系交替地扩大和紧缩信用导致了经济周期。

本章要点回顾

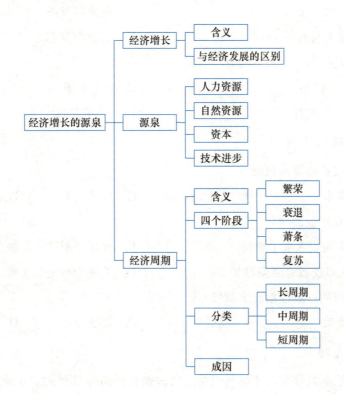

学以致用

一、单项选择题

1. 经济增长是指（　　）。
   A. 一国（地区）生产的产品的不断增加
   B. 贫富差距进一步加大
   C. 人口的受教育年限增加
   D. 人们的生活更加美好

2. 经济周期的四个阶段依次是（　　）。
   A. 繁荣、衰退、萧条、复苏　　B. 繁荣、萧条、衰退、复苏
   C. 复苏、萧条、衰退、繁荣　　D. 萧条、衰退、复苏、繁荣

3. 经济周期中的两个上升阶段分别是（　　）。
   A. 繁荣与复苏　　　　　　　　B. 繁荣与萧条
   C. 繁荣与衰退　　　　　　　　D. 衰退与复苏

4. 中周期的每一个周期为（　　）。
   A. 5～6 年　　　　　　　　　　B. 9～10 年
   C. 25 年左右　　　　　　　　　D. 50 年左右

二、多项选择题

1. 经济增长的源泉包括（　　）。
   A. 资本　　　B. 技术进步　　　C. 自然资源　　　D. 人力资源

2. 经济发展包括（　　）。
   A. 人均收入水平提高　　　　　B. 贫富差距进一步加大
   C. 人口受教育年限增加　　　　D. 人民生活更加美好

3. 经济周期一般包括几个阶段？（　　）
   A. 繁荣　　　B. 衰退　　　C. 萧条　　　D. 复苏

三、思考题

1. 高等职业教育在人才培养规模上已占据我国高等教育的"半壁江山"，对促进就业创业、助力经济社会发展，以及增进人民福祉均有着重要意义。请你结合自己学所专业与本章所学的知识，谈谈你的理解。

2. 你认为我国目前正处于经济周期中的哪个阶段？为什么？

笔记：

四、案例分析题

（一）资料

数字经济是拉动经济增长的新引擎①

人类社会正在进入以数字化生产力为主要标志的新阶段，数字经济已经成为引领科技革命和产业变革的核心力量。近年来，我国数字经济快速发展、成效显著，已成为我国经济增长的新动能、高质量发展的重要引擎。一方面，以互联网、云计算、大数据等数字技术驱动的新兴产业有力拉动经济增长；另一方面，数字技术与产业深度融合，催生新业态、新模式，传统产业发展动能不断增强。2022年我国数字经济规模达50.2万亿元，总量稳居世界第二，占GDP比重提升至41.5％。数字产业化规模与产业数字化规模分别达9.2万亿元和41万亿元，占数字经济比重分别为18.3％和81.7％。

（二）要求

如何理解数字经济是拉动经济增长的新引擎？

笔记：

---

① 闻库.打造数字未来坚实底座 全面赋能数字化转型提升［DB/OL］.（2023-9-20）［2024-6-17］.http://finance.people.com.cn/n1/2023/0920/c1004-40081805.html.

知识链接 8-1

经济周期对企业的影响

经济周期决定了企业的外部经济环境,对企业的生存与发展有着极大的影响。一个企业生产经营状况的好坏,既受其内部条件的影响,又受其外部宏观经济环境的影响。在经济扩张阶段,市场需求旺盛,生产趋升,企业处于较为宽松、有利的外部环境中。在经济衰退阶段,市场需求疲软,生产下降,企业处于较为恶劣的外部环境中。在经济衰退阶段,一批企业破产,退出市场;一批企业亏损,陷入困境;但也有一批企业能顺应外部环境变化,站稳脚跟,并得到新的发展。这就是市场经济下"优胜劣汰"的企业生存法则。

由此可见,任何一家企业都无力改变经济周期的变化规律,但可以通过改善内部条件来积极适应外部环境的变化,充分利用外部环境,从而增强自身的生存与发展能力。因此,企业家们必须掌握经济周期的一般规律,并主动适应经济周期的变化。

第九章
汇率变动对国际贸易有何影响

 学习目标

【知识目标】

- 了解国际贸易及对外贸易依存度的含义
- 了解国际贸易政策的类型及内容
- 了解WTO的基本原则和主要内容
- 理解外汇与汇率的概念
- 掌握汇率标价的方法

【技能目标】

- 能判断一国（地区）货币的升值与贬值
- 能用所学理论简单分析人民币汇率变动对我国进出口的影响

【素养目标】

- 培养合作共赢的意识

案例导入

中国离不开世界　世界需要中国

美国记者萨拉·邦焦尔尼在其畅销书《离开中国制造的一年》中记录了在2005年的整整一年里，她们一家——一个美国普通老百姓家庭离开"中国制造"的生活冒险故事。2004年圣诞节，萨拉忽然发现在她家的39件圣诞礼物中，有25件是"中国制造"的，看着家中DVD、鞋子、袜子、玩具、台灯……满眼的中国产品，萨拉发出这样的疑问："如果没有中国产品，美国人还能否活下去？"于是萨拉突发奇想，带领全家开始尝试一年不买中国产品的日子。由于不购买"中国制造"，4岁的儿子不得不穿标价68美元的意大利鞋；厨房的抽屉坏了，可找不到工具修理；购买生日蜡烛竟成了折磨人的事，杂货店除了中国蜡烛，什么也没有；好不容易买到最"美国"的灯，灯上面也用了由中国制造的零件；丈夫去法国旅行买的纪念品——埃菲尔铁塔钥匙链也是"中国制造"。经过一年的艰辛尝试，萨拉最后感慨道："没有中国货，生活会一团糟。"在未来的生活中，她再也没有勇气去尝试这种没有"中国制造"的日子。

约20年过去了，中国早已成为世界第一制造大国。中国是全世界唯一拥有联合国产业分类中全部工业门类的国家。在500种主要工业产品中，中国有四成以上产品的产量位居全球第一，个人计算机、手机、空调、太阳能电池板等一批重要产品的产量占全球一半以上。现如今，"中国制造"遍布世界各地，从最基本的日用品到成套的电器及机械设备，从手机、电脑到无人机……毫不夸张地说，在西方大商场里随便拿起一件物品，十有八九是"中国制造"。

就像外国人离不开中国产品一样，中国人也大量消费来自世界各地的产品。

思考：

（1）娜娜准备去美国旅游，她应该如何把人民币兑换成美元？

第九章 汇率变动对国际贸易有何影响

（2）娜娜认为如果 7.2 元人民币兑换 1 美元变成 6 元人民币兑换 1 美元，则说明人民币更值钱了，她去美国旅游可以少花钱了，中国进口美国的产品也更便宜了。因此，她认为人民币升值对中国更有利。你同意她的看法吗？

（3）汇率变动会对一国（地区）进出口产生什么影响？

笔记：

第一节 经济全球化与国际贸易

近几十年来，随着经济全球化不断推进，各国经济之间的相互依赖程度日益加深。中国从加入世界贸易组织到共建"一带一路"，从设立自由贸易试验区到举办中国国际进口博览会，从"引进来"到"走出去"……这些让世界的发展成为中国的机遇，更让中国增长成为世界的动力。

一、经济全球化

经济全球化是指世界经济活动超越国界，通过对外贸易、资本流动、技术转移、提供服务、相互依存、相互联系而形成的全球范围的有机经济整体。经济全球化包括贸易自由化、生产国际化、资本全球化、科技全球化。经济全球化本质上是生产要素在全球范围内的优化组合，即资源配置的全球化。

经济全球化是当代世界经济的重要特征，为世界经济发展提供了强劲动力。经济全球化让全球经济活动打破地域界限，相互渗透、相互依存，资金、市场、技术、人才、信息等各类要素在全球范围进行市场化配置。例如，波音飞机名义上是美国制造的，但一架客机的 450 多万个零部件分别来自 6 个国家 1500 个大公司和 1.5 万家中小企业；"空中客车"飞机总部在法国，但参与研制和生产的企业，除法国本土企业外，还有德国、英国、西班牙、荷兰、比利时、意大利等国的企业，法国制造的零件占总零件的比例不到40%。这些经济现象在当今全球发展中屡见不鲜,这便是经济全球化。

自由贸易是经济全球化的核心,国际贸易是几乎所有参与者都从中获益的正和博弈。发达国家作为全球价值链的传统主导者、贸易规则的制定者,能够利用发展中国家相对低廉的生产要素实现利润的最大化;发展中国家作为经济全球化的积极参与者,在全球产业链中开始占据一席之地,得以分享经济全球化的红利,缩小与发达国家的差距。

然而,近年来经济全球化却遭遇逆流,零和博弈、单边主义等严重干扰全球化进程,给全球经济治理带来严峻挑战。党的二十大报告明确指出,中国致力于推动构建人类命运共同体,坚持经济全球化正确方向,共同营造有利于发展的国际环境。

二、国际贸易

国际贸易(International Trade)是指不同国家(地区)之间的商品的交换活动,即国际贸易是商品的国际转移。所以,也可以把国际贸易称为世界贸易。国际贸易由进口贸易(Import Trade)和出口贸易(Export Trade)两部分组成,所以有时也称进出口贸易。

1. 贸易差额

贸易差额(Balance of Trade)是指一个国家(地区)在一定时期内(通常为一年)出口总额与进口总额之间的差额。贸易差额通常有以下三种情况:

(1)贸易顺差,表示一定时期的出口额大于进口额。

(2)贸易逆差,表示一定时期的出口额小于进口额。

(3)贸易平衡,表示一定时期的出口额等于进口额。

一般认为,贸易顺差可以推进经济增长,增加就业,所以各国无不追求贸易顺差。但是,大量的贸易顺差往往会导致贸易纠纷。

2. 对外贸易依存度

对外贸易依存度是衡量一个国家(地区)国民经济外向程度的一个基本指标,是指一国(地区)对外贸易总额在该国(地区)国内生产总值中所占的比重。对外贸易依存度的计算公式为:

$$对外贸易依存度 = \frac{(出口额 + 进口额)}{国内生产总值} \times 100\%$$

改革开放以来,随着我国对外贸易的迅速发展,我国的对外贸易依存度也不断提高。1980 年我国的对外贸易依存度为 12.5%,2006 年达到历史最高点 67%。党的十八大以来,我国积极实施扩大内需战略,内需对经济发展的支撑作用明显增强,对外贸依存度已从 2006 年峰值逐年下降到 2022 年的 35%。

三、对外贸易政策

经济全球化已经成为不可逆转的趋势,在这个过程中,国际贸易和投资得到了前所未有的发展。然而,经济全球化也面临诸多问题,其中,贸易保护主义抬头就是最大的挑战。对外贸易政策作为国家干预对外经济关系的工具可以分为两类:贸易保护政策和自由贸易政策。

1. 贸易保护政策

贸易保护政策是国家采取种种措施干预进出口贸易,限制商品的进口或出口,以保护本国的市场和生产不受或少受外国商品的竞争,并鼓励出口的政策,其实质是"奖出限入"。贸易保护政策的主要措施包括关税政策、非关税政策等。

(1) 关税政策

关税政策是指一国(地区)通过对外国商品征收较高的进口税,来达到限制进口、保护本国生产和本国市场目的的政策。高额进口税的设置可减少商品的进口量,但进口国并不会对所有的进口商品一律征收高关税。一般来说,大多数国家会对所有工业制成品征收较高的关税,对半成品征收的关税次之,对原料征收的关税最低甚至免税。因此,进口关税的税率往往是随着产品加工程度的逐渐深化而不断提高的。

(2) 非关税政策

随着关税的大幅度下降,世界贸易组织各成员越来越多地将非关税贸易壁垒作为贸易保护措施。非关税贸易壁垒是指关税以外的各种限制进口的措施。非关税贸易壁垒名目繁多,涉及面广,其中主要包括通关环节壁垒、知识产权措施、进口禁令、进口许可、卫生与植物卫生措施、进口产品歧视、技术性贸易壁垒和反倾销等。下面仅介绍我们在新闻中经常看到的技术性贸易壁垒与反倾销。

① 技术性贸易壁垒。这是指一些国家(地区)为了限制进口,制定复杂、苛刻

的工业产品技术标准、卫生检疫规定以及商品包装和标签规定，从而增加进口难度，最终达到限制进口外国商品的目的。由于这些标准和规定往往以维护消费者安全和健康的理由来制定，因此常常会披上合法的外衣。这已成为发达国家限制进口发展中国家产品的重要手段。

扩展阅读 9-1

碳关税

欧盟碳边境调节机制法规，即全球首个"碳关税"从 2023 年 10 月 1 日起开始实施。从开始实施之日到 2025 年为过渡期，2026—2034 年将逐步全面实施。按照此法规，欧盟将对从境外进口的钢铁、铝、水泥和化肥额外征税。

该机制是指某些商品在生产时会释放二氧化碳等温室气体，这些商品进入欧盟关境时，需要向欧盟额外支付一笔款项，其数额与商品制造时释放的温室气体数量相关。对出口欧盟的产品而言，这也意味着，供应链上任何一个环节的高碳排放，都将导致出口产品付出更多的碳管制成本。

欧盟此前提出，到 2030 年将温室气体排放量相较 1990 年的水平至少减少 55%，并在 2050 年实现碳中和等一系列目标。该政策旨在鼓励全球制造商转向更环保的生产方式，并防止欧盟境内的厂商通过把生产设施迁移到环境监管措施不够严格的国家和地区而获利。

② 反倾销。倾销是指一国（地区）的生产商或出口商以低于其国（地区）内市场价格或低于成本的价格将其商品销售到另一国（地区）市场的行为。受到倾销商品损害的进口国（地区）为此采取的抵制措施称为反倾销。反倾销的最终补救措施是对倾销商品征收反倾销税。

倾销经常被企业作为争夺国外市场的手段之一。为了占领外国市场，一些企业不惜用低价甚至低于成本的价格向国外出口商品。反倾销旨在抵制国际贸易中的不公平行为，维护公平竞争的国际经济秩序，促进国际贸易健康发展。但随着国际贸易竞争日益激烈，贸易保护主义越演越烈，反倾销政策已被一些国家歪曲和滥用，成为实行贸易保护主义的重要手段。

扩展阅读 9-2

中国商品屡遭印度反倾销调查①

2023年9月下旬短短10日内,印度一口气对中国发起了9起反倾销调查案,涉及三氯异氰尿酸、软磁铁氧体磁芯、滚子链、玻璃纸薄膜、紧固件、无框玻璃镜、硫化黑、伸缩式抽屉滑轨等化学原材料、工业用零部件等产品。印度一直是对中国实施反倾销措施最多的国家。

1995—2023年,全球对中国实施的反倾销案总计1614起。其中,排名前三的分别为印度298起、美国189起、欧盟155起。数据显示,2023年上半年,印度、美国和加拿大是涉华贸易救济措施的主要发起方,且已实现从传统劳动密集型行业到先进技术领域的全覆盖。在印度对中国发起的反倾销调查中,排名前三的行业分别为化学原料和制品工业、医药工业、非金属制品工业。

中国是贸易保护主义的头号受害国。截至2017年,中国已连续23年成为全球遭遇反倾销调查最多的国家,连续12年成为全球遭遇反补贴调查最多的国家。

2. 自由贸易政策

自由贸易政策是指国家(地区)对进出口贸易不加干预和限制,使商品能自由地输入和输出、在世界市场上自由竞争的政策,其实质是"不干预政策"。自由贸易政策是资本主义早期奉行的政策,进入20世纪后,贸易保护主义政策抬头,严重制约着国际贸易和国际资本流动的发展。各国的贸易政策总是倾向于本国利益,必然会引起国家间的贸易纠纷,阻碍世界贸易和世界经济的健康发展。因此,要真正实现互惠互利,就必须加强贸易政策的国际协调,制定各国都能遵守的国际贸易准则。世界贸易组织(World Trade Organization,WTO)及其前身关税与贸易总协定就是适应这种需要而产生的。

---

① 印度一口气对中国发起9起反倾销调查,专家:难有实质作用[EB/OL].(2023-10-8)[2024-6-15]. https://kan.china.com/article/2864795_all.html.

四、世界贸易组织

世界贸易组织成立于 1995 年 1 月 1 日,其前身是 1947 年成立的关税与贸易总协定。它的基本职能是制定和规范国际多边贸易规则、组织多边贸易谈判和解决成员之间的贸易争端。世界贸易组织是目前世界上最大的多边贸易组织,截至 2024 年 2 月,共有 166 个成员。世界贸易组织与世界银行、国际货币基金组织一起,构成了世界经济发展的贸易、金融、货币"三大支柱"。

世界贸易组织的基本原则主要包括非歧视原则、透明度原则、贸易自由化原则、公平竞争原则等。

1. 非歧视原则

非歧视原则是世界贸易组织的基石,由最惠国待遇和国民待遇组成。最惠国待遇是指在货物贸易的关税、费用等方面,一成员给予其他任一成员的优惠和好处,都须立即无条件地给予所有成员。国民待遇是指在征收国(地区)内税费和实施国(地区)内法规时,成员对进口产品和本国(地区)产品要一视同仁,不得歧视。

2. 透明度原则

透明度原则是指成员应公布所制定和实施的贸易措施及其变化情况,没有公布的措施不得实施,同时还应将这些贸易措施及其变化情况通知世界贸易组织。

3. 贸易自由化原则

贸易自由化原则是指通过多边贸易谈判,实质性削减关税和减少其他贸易壁垒,扩大成员之间的货物和服务贸易。

4. 公平竞争原则

公平竞争原则是指世界贸易组织禁止其成员采用倾销或补贴等不公平贸易手段扰乱正常的贸易行为,并允许其成员采取反倾销和反补贴的贸易补救措施,保证国际贸易在公平的基础上进行。

2001 年 12 月 11 日,中国正式成为世界贸易组织第 143 个成员。加入世界贸易组织后,中国改革开放和经济发展进入加速期,既发展了自己,也造福了世界。

扩展阅读 9-3

加入世界贸易组织后我国地位不断提升

加入世界贸易组织以来，我国经济总量从世界第 6 位上升到第 2 位，货物贸易从世界第 6 位上升到第 1 位，服务贸易从世界第 11 位上升到第 2 位，利用外资稳居发展中国家首位，对外直接投资从世界第 26 位上升到第 1 位。

加入世界贸易组织，深刻改变了我国与世界经济体系的关系，使我国能够充分发挥自身比较优势，深入参与国际分工体系，迅速发展成为世界上最重要的贸易投资大国；为我国参与全球经济治理提供了更好的条件，我国的国际影响力持续上升；有力促进了国内经济体制改革，激发了市场主体活力，释放了经济发展潜力。

加入世界贸易组织后，我国可以享受世界贸易组织成员的权利，更好地享受国际贸易投资自由化、便利化的制度成果。这为我国创造了更加稳定、透明、可预期的国际经贸环境，国内外投资者对我国参与国际分工、发展对外经济贸易合作的信心明显增强。我国充分发挥自身优势，深度融入世界分工体系，在全球经济体系中的地位持续提升。

思考：

从国际贸易的角度，理解"世界好，中国才会好；中国好，世界会更好"这句话的深刻内涵。

笔记：

五、"一带一路"

"一带一路"（The Belt and Road，B&R）是"丝绸之路经济带"和"21 世纪海上丝绸之路"的简称。"一带一路"不是古丝绸之路的简单升级，而是借用古丝绸之路的历史符号，融入了新的时代内涵；"一带一路"更不是"带"和"路"的地理概念，而是中国向世界提供的国际合作平台和公共产品，是一项开放、包容的经济合作倡议。

我国政府提出这一倡议的初心，是借鉴古丝绸之路，以互联互通为主线，同各国加强政策沟通、设施联通、贸易畅通、资金融通、民心相通，为世界经济增长注入新动能，为全球发展开辟新空间，为国际经济合作打造新平台。

共建"一带一路"国际合作没有囿于古丝绸之路上的 60 多个合作伙伴。从 2013 年提出到 2022 年的十年间，我国与 150 多个国家、30 多个国际组织签署了 230 多份相关合作文件，覆盖了超过 80% 的对华建交国，连接了欧亚非绝大多数古文明国家，遍布亚洲、欧洲、非洲、拉丁美洲和大洋洲以及联合国、东盟、非盟等主要国际组织。

扩展阅读 9-4

"一带一路"成果丰硕

2013—2022 年，我国与共建"一带一路"国家货物贸易额从 1.04 万亿美元扩大到 2.07 万亿美元，翻了一番，年均增长 8%；我国在共建国家承包工程新签合同额、完成营业额累计分别超过 1.2 万亿美元和 8000 亿美元，占对外承包工程总额的比重超过了一半。截至 2022 年年底，我国企业在共建国家建设的境外经贸合作区累计投资达 571.3 亿美元，为当地创造了 42.1 万个就业岗位。①

"一带一路"不仅为世界经济贸易带来了新活力，也为世界各国人民生活提供了无数便利。其中，中欧班列成为共建"一带一路"倡议的重要载体，通过"亚欧大陆桥"，将中国和欧洲紧紧连接在一起。截至 2023 年 11 月，中欧班列已累计开行 8.1 万列，通达欧洲 25 个国家的 217 个城市。②

---

① 谢希瑶,潘洁.我国与"一带一路"沿线国家货物贸易额十年年均增长 8%[EB/OL].(2023-3-3)[2024-2-15]. https://www.yidaiyilu.gov.cn/p/309732.html.

② 陈炜伟.新华全媒+｜累计开行 8.1 万列！中欧班列运输服务网络覆盖欧洲全境[EB/OL](2023-11-25)[2024-6-17].https://www.yidaiyilu.gov.cn/p/0SIC9Q64.html.

第九章 汇率变动对国际贸易有何影响

第二节 外汇与汇率

现实中，国际贸易必须借助多种货币才能顺利进行，这就牵涉货币的流动。不同的国家使用不同的货币，不同的货币如何在国际上流动，就涉及外汇与汇率的问题。

一、外汇的含义

外汇是指外国货币或以外国货币表示的能用于国际结算的支付手段。外汇主要包括以下几个方面：

（1）外国货币，包括纸币、铸币。

（2）外币支付凭证，包括票据、银行的付款凭证和邮政储蓄凭证等。

（3）外币有价证券，包括政府债券、公司债券和股票等。

应当注意的是，外币与外汇既有联系，又有区别。外汇不仅包括外币，还包括外国支付凭证、外国有价证券等；并非所有的外币都是外汇，只有可以自由兑换的外币才是外汇。

例如，美元、欧元对中国来说是外汇，因为它们是外币，同时它们又是可自由兑换的。朝鲜货币（朝鲜元）就不是外汇，因为朝鲜货币不能自由兑换。目前，全世界约有 50 个国家和地区的货币是可自由兑换货币，但主要的国际结算货币是美元、欧元、英镑、日元、人民币、瑞士法郎、加拿大元等。

 课堂讨论

（一）资料

人民币与 SDR

2016 年 10 月 1 日，人民币正式加入国际货币基金组织的 SDR（特别提款权）货币篮子。自这一天起，人民币与美元、欧元、日元和英镑一起构成 SDR 货币篮子，成为国际货币基金组织认定的五种"可自由使用"的货币之一，意味着国际货币基金组织以及其他金融机构将在金融业务中使用人民币。人民币正式"入篮"是

人民币国际化的一个重要里程碑,是对中国经济发展成就和金融业改革开放成果的充分肯定,增强了 SDR 的代表性、稳定性和吸引力,有利于国际货币体系改革持续向前推进。

SDR 是国际货币基金组织于 1969 年开始发行的一种补充性储备资产,与黄金、外汇等其他储备资产一起构成国际储备。加入 SDR 货币篮子以来,人民币越来越得到国际投资者的认可,在国际支付、投融资、外汇交易、国际储备等领域的使用越来越多,逐渐成为国际货币体系中的重要补充。

2022 年 5 月 11 日,国际货币基金组织执董会完成了 5 年一次的 SDR 定值审查,一致决定将人民币权重由 10.92% 上调至 12.28%,美元、欧元、日元和英镑经调整后的比重分别为 43.38%、29.31%、7.59% 和 7.44%。①

(二) 讨论

人民币正式"入篮"对我国经济发展有什么影响?

 笔记:

二、汇率及其标价方式

汇率又称汇价,是指一个国家的货币兑换成另一个国家货币的价格。汇率的标价方法有直接标价法和间接标价法。

1. 直接标价法

直接标价法又称应付标价法,是指以一定单位的外国货币(如 1,100,1000 或 10000)为标准来计算应付出多少单位的本国货币的方法。在这种标价法中,若一定单位外币折算的本国货币增多,则说明外币汇率上涨,即外汇升值、本币贬值;反之,若一定单位外币折算的本国货币减少,则说明本币升值、外汇贬值。直接标价

---

① IMF 宣布将人民币权重上调至 12.28%[DB/OL].(2022-5-16)[2024-6-17]. https://m.gmw.cn/2022-05/16/content_35736763.htm.

第九章 汇率变动对国际贸易有何影响

法有利于本国投资者更直观地了解外汇的行情变化,是除英国、美国之外的绝大多数国家采用的标价方法。我国采用直接标价法,例如,

100 美元 = 711.34 元人民币

100 欧元 = 780.30 元人民币

100 英镑 = 906.93 元人民币

我国从事外汇业务的银行每天会实时公布外汇牌价:现汇买入价、现钞买入价、现汇卖出价、现钞卖出价和中间价。卖出价是外汇银行卖给客户外汇时所采用的汇率。外汇卖出价高于买入价的部分是银行买卖外汇的毛收益。银行在对外挂牌公布汇率时,还另注明外币现钞买入价,这主要是针对一些对外汇实行管制的国家。由于外币现钞在本国不能流通,需要把它们运到国外才能使用,在运输现钞过程中需要花费一定的保险费、运费,所以银行购买外币现钞的价格要略低于购买外汇票据的价格。而外币现钞的卖出价格一般和外汇卖出价相同。表 9-1 所示是我国某银行在 2024 年 1 月 16 日 15:30 的实时外汇牌价。

表 9-1 我国某银行实时外汇牌价(2024 年 1 月 16 日 15:30)(人民币/外币)

货币名称	交易单位	现汇买入价	现钞买入价	现汇卖出价	现钞卖出价	中行折算价
美元 USD	100	717.20	717.04	720.06	720.06	711.34
欧元 EUR	100	781.46	775.56	786.93	788.97	780.30
英镑 GBP	100	906.86	905.93	912.93	915.57	906.93
日元 JPY	100	4.8997	4.8996	4.9325	4.9345	4.8934
瑞士法郎 CHF	100	833.02	832.36	838.88	841.22	833.18
加拿大元 CAD	100	530.91	530.37	534.47	536.02	531.13
澳大利亚元 AUD	100	474.09	473.6	477.27	478.65	474.53
新西兰元 NZD	100	441.69	440.67	444.75	446.7	441.89
韩元 KRW	100	0.5373	0.5268	0.5417	0.5502	0.5402
新加坡元 SGD	100	535.23	534.8	538.94	540.49	534.42

中间价是现汇买入价和现汇卖出价的算术平均数,即

$$中间价 = \frac{现汇买入价 + 现汇卖出价}{2}$$

新闻媒体通常报道的是中间价,它是衡量一国货币价值的重要指标,常被用作汇率分析。

2. 间接标价法

间接标价法又称应收标价法，是指以一定单位（如1，100）本国货币为标准，以此来计算应收多少单位的外国货币的方法。目前，英国和美国采用间接标价法。例如，某日在伦敦外汇市场上以英镑表示的美元、加拿大元汇价分别为：

$$1 英镑 = 1.262 美元$$
$$1 英镑 = 1.7067 加拿大元$$

在间接标价法中，本币金额固定不变，若一定单位本币折算的外国货币增加，说明本币升值、外汇贬值；反之，若一定单位本币折算的外币减少，说明本币贬值、外汇升值。

三、汇率变动对进出口的影响

一般来说，若本币汇率下降，即本币对外币的币值贬低，能起到促进出口、抑制进口的作用；若本币汇率上升，即本币对外币的币值上升，则有利于进口，不利于出口。

本币汇率下降意味着外币升值，使一定数额的外币能够兑换更多的本币，这必然会使以外币表示的出口商品价格下降，增强本国商品在国际市场上的竞争力，从而扩大出口。同样，本币汇率下降会使以本币表示的进口商品价格上升，提高购买进口商品的成本，从而使得国内市场对进口商品的需求减少，最终在一定程度上对进口贸易起到抑制作用。因此，一般情况下，一国货币汇率下降将对该国进出口贸易起到"抑制进口，扩大出口"的作用；反之，一国货币汇率上升则会对该国进出口贸易起到"限制出口，促进进口"的作用。

> **扩展阅读 9-5**
>
> ### 人民币升值好还是贬值好
>
> 任何货币，无论是贬值还是升值都像一把双刃剑，不能简单地判断是升值好还是贬值好，需要结合当时的国情来具体分析。下面以人民币升值为例，对其利与弊作简要分析。

一、人民币升值理论上的好处

（1）有利于增强人民币的购买力。人民币升值给国内消费者带来的最明显变化就是手中的人民币"更值钱"了。人们不论购买外国商品，还是出国留学或旅游，都会发现，它们的价格变得"便宜"了。

（2）有利于降低进口能源和原料的成本。我国是一个资源相对匮乏的国家，石油、铁矿石等许多重要原材料都要依赖进口。人民币升值可减轻我国进口能源和原料的成本负担。

（3）有利于我国出口企业提高产品竞争能力。长期以来，我国一些出口企业，特别是劳动密集型产品的出口企业主要依靠低成本优势赢得市场，产品附加值低，在全球价值链中只能扮演"世界打工仔"的角色。人民币适当升值，有利于我国出口企业提升产品科技含量与国际竞争力，增强企业的持续发展能力。

二、人民币升值理论上的弊端

（1）不利于我国出口企业，特别是劳动密集型企业的产品出口。在国际市场上，我国的产品，尤其是劳动密集型产品的出口价格往往低于其他国家同类产品的价格，利润率普遍较低。人民币一旦升值，为维持同样的人民币价格底线，用外币表示的我国出口产品的价格将有所提高，这会削弱其价格竞争力。

（2）不利于我国引进境外直接投资。我国是世界上引进境外直接投资最多的国家之一。人民币升值后，虽然对已在中国投资的外商不会产生实质性影响，但是对即将前来中国投资的外商会产生不利影响，因为这会使他们的投资成本上升。在这种情况下，他们可能会将投资转向其他发展中国家。

（3）不利于金融市场的稳定。如果人民币升值，大量境外短期投机资金就会乘虚而入，大肆炒作人民币汇率。在我国金融市场发育还不健全的情况下，这容易引发金融货币危机。

（4）不利于外汇储备的保值、增值。截至2023年12月末，我国外汇储备为32380亿美元，居世界第一位。一旦人民币升值过快，巨额外汇储备便面临缩水的威胁。

思考：

人民币贬值对我国经济也会产生各种影响。请查询最新资料，谈谈人民币贬值会给企业和个人带来哪些影响。

 笔记：

本章要点回顾

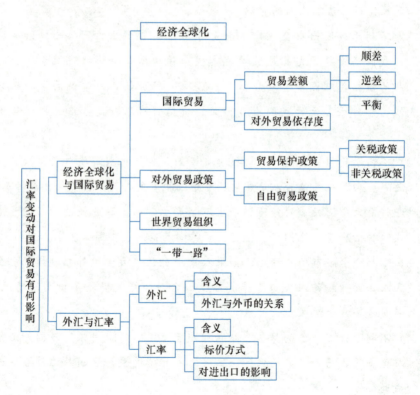

学以致用

一、单项选择题

1. 在我国，人民币汇率采用的标价方法是（　　）。

   A. 直接标价法　　　　　　　　　B. 间接标价法

   C. 美元标价法　　　　　　　　　D. 欧元标价法

2. 英国和美国采用的汇率标价法是（　　）。

   A. 直接标价法　　　　　　　　　B. 间接标价法

   C. 美元标价法　　　　　　　　　D. 欧元标价法

3. 一般而言，本国货币贬值，可以使（　　）。

   A. 本国的进口与出口都增加

   B. 本国的进口增加、出口减少

   C. 本国的进口减少、出口增加

   D. 本国的进口和出口都减少

二、多项选择题

1. 以下属于非关税政策的是（　　）。

   A. 进口许可证制　　　　　　　　B. 进口配额制

   C. 碳关税　　　　　　　　　　　D. 技术性贸易壁垒

2. 以下属于人民币贬值的是（　　）。

   A. 由 100 美元兑换 710 元人民币变为 100 美元兑换 700 元人民币

   B. 由 100 美元兑换 700 元人民币变为 100 美元兑换 710 元人民币

   C. 由 100 元人民币兑换 13.9 美元变为 100 元人民币兑换 14.2 美元

   D. 由 100 元人民币兑换 14.2 美元变为 100 元人民币兑换 13.9 美元

三、简答题

1. 什么是贸易顺差？什么是贸易逆差？
2. 汇率标价有哪几种方法？
3. 汇率变动对一国进出口有何影响？

笔记：

四、案例分析题

（一）资料

1. 2016年，人民币兑美元汇率贬值幅度较大。人民币兑美元中间价从年初的6.50元贬值到年末的6.95元。

2. 2017年，人民币又开始较大幅度地升值。人民币兑美元中间价从年初的6.87元升值到年末的6.54元。

3. 2023年，人民币兑美元汇率开始贬值，人民币兑美元中间价由年初的6.82元贬值到年末的7.08元。

（二）要求

人民币持续升值与持续贬值都会引起人们特别是进出口企业的担忧，请分析人民币持续升值或持续贬值会对我国经济产生哪些影响。

笔记：

知识链接 9-1

国际贸易理论——国际贸易的好处

一、绝对优势理论

英国著名经济学家亚当·斯密在其代表作《国富论》中提出了绝对优势理论。

亚当·斯密认为，每个国家由于自然资源或后天的条件不同，都会在某一种商品的生产上有绝对优势。如果每一个国家都把自己拥有的全部生产要素集中到自己拥有绝对优势的产品的生产上来，然后通过国际贸易，用自己的一部分产品去换取其他国家生产上具有绝对优势的产品，则各国资源都能被最为有效地利用，每一个国家都能从中获利。

假设世界上只有两个国家：A 国和 B 国，两国各自生产葡萄酒和呢绒两种产品，国际分工前各国劳动投入和产出如表9-2所示。

表 9-2　国际分工前两国劳动投入和产出

国　家	葡萄酒		呢　绒	
	劳动投入量/小时	产出量/吨	劳动投入量/小时	产出量/匹
A 国	20	1	10	1
B 国	10	1	20	1
合计	30	2	30	2

从表 9-2 可以看出，A 国在呢绒的生产上有绝对优势，B 国在葡萄酒的生产上有绝对优势。根据亚当·斯密的观点，A 国应把全部生产要素都用于生产呢绒，而 B 国应把全部生产要素都用于生产葡萄酒。两个国家分别只生产一种产品，然后进行交换。国际分工后两国劳动投入和产出如表9-3所示。

表 9-3　国际分工后两国劳动投入和产出

国　家	葡萄酒		呢　绒	
	劳动投入量/小时	产出量/吨	劳动投入量/小时	产出量/匹
A 国	0	0	30	3
B 国	30	3	0	0
合计	30	3	30	3

从表 9-3 可以看出，进行国际分工之后，两国生产两种产品的产量都增加了。如果双方以 1∶1 的比例拿呢绒与葡萄酒进行交换，交换的结果是 A 国和 B 国保持了原有消费品种和数量，而且 A 国比原来多了 1 匹布、B 国比原来多了 1 吨葡萄酒。这说明两国都从国际贸易中得到了利益。

二、比较优势理论

亚当·斯密的理论建立在两国绝对成本比较的基础之上，但实际上，往往是一国无论生产什么其绝对成本都低于另一国。在这种情况下，国际贸易还有利于双方吗？英国经济学家大卫·李嘉图在《政治经济学及赋税原理》一书中提出了比较优势理论。大卫·李嘉图认为，在两国都生产同样两种产品的情况下，即使其中一国在两种产品的生产上都处于劣势，该国仍然可以专门生产一种劣势较轻的产品，双方仍然可以从国际贸易中获利。

假设A国和C国同时生产葡萄酒和呢绒，C国生产这两种产品都处于劣势，但是，这两种产品与A国相比所处劣势不同，如表9-4所示。

表9-4　两国生产一个单位产品所需的工作时间

国　　家	生产1吨葡萄酒的劳动投入	生产1匹呢绒的劳动投入
A国	20小时	10小时
C国	60小时	20小时

从表9-4可以看出，C国在葡萄酒和呢绒的生产上与A国相比均处于绝对劣势，但C国在葡萄酒生产上的劳动生产率是A国的1/3，而在呢绒生产上的劳动生产率是A国的1/2。相比之下，C国在生产呢绒上的劣势要小一些。由于A国生产葡萄酒的优势比生产呢绒的优势要大，在这种情况下，如果C国专门生产呢绒，A国专门生产葡萄酒，双方按照这种方式分工之后进行贸易，双方同样都会获利。

三、要素禀赋理论

相对于成本理论强调各国劳动生产率的差异，瑞典经济学家伊·菲·赫克歇尔和贝蒂·俄林提出的要素禀赋理论强调各国自然资源的差异。要素禀赋理论认为，在生产活动中，除了劳动起作用外，还有资本、土地、技术等生产要素，各国产品生产成本的不同，必须同时考虑各个生产要素的影响。

要素禀赋理论分为狭义的要素禀赋理论和广义的要素禀赋理论。

狭义的要素禀赋理论认为：在国际贸易中，一国的要素丰裕程度（即要素禀赋）决定了一国的比较优势，一国应该集中生产并出口其要素禀赋丰富的产品，进口其要素禀赋稀缺的产品。也就是说，如果某国劳动力相对丰裕，资本相对稀缺，那么该国就应该出口劳动密集型产品，进口资本密集型产品。

广义的要素禀赋理论认为：国际贸易不仅会导致商品价格的趋同，而且会使各国生产价格趋同。由于各国的要素禀赋不同，一国往往会出口本国要素禀赋丰富的商品。随着该种商品的不断出口，该国这种要素会变得越来越稀少，从而导致这种要素价格的上升，在没有其他因素干扰的情况下，这种要素的价格一直会上升到与贸易伙伴国的这种要素价格持平。

第十章
政府如何调控经济

 学习目标

【知识目标】

- 了解宏观经济四大政策目标
- 理解财政政策和货币政策的基本原理
- 掌握政府调控经济的基本原理

【技能目标】

- 能利用所学知识初步理解我国在不同时期出台的财政政策与货币政策

【素养目标】

- 增强对国家经济政策的理解和认同

 **案例导入**

政府宏观经济目标

每年全国"两会"的政府工作报告中都会提出当年经济增长、就业、物价、国际收支等方面的内容。

例如,2024年政府工作报告提出的当年发展主要预期目标是:国内生产总值增长5%左右;城镇新增就业1200万人以上,城镇调查失业率5.5%左右;居民消费价格涨幅3%左右;居民收入增长和经济增长同步;国际收支保持基本平衡;粮食产量1.3万亿斤以上;单位国内生产总值能耗降低2.5%左右,生态环境质量持续改善。

提出上述预期目标,综合考虑了国内外形势和各方面因素,兼顾了需要和可能。经济增长预期目标为5%左右,考虑了促进就业增收、防范化解风险等需要,并与"十四五"规划和基本实现现代化的目标相衔接,也考虑了经济增长潜力和支撑条件,体现了积极进取、奋发有为的要求。

 思考:

(1) 为保证上述目标的实现,国家应做哪些工作?
(2) 娜娜即将大学毕业,当前的经济形势对她就业有何影响?
(3) 宏观经济政策都有哪些目标?

 笔记:

第十章 政府如何调控经济

第一节 宏观经济政策目标

各国在促进经济增长的同时，会不可避免地遇到不同程度的经济波动，正如人会生病一样。当经济出现严重波动时，市场机制的调节能力已难以胜任，这时就需要政府针对相关问题运用宏观经济政策进行干预。

宏观经济政策是指国家在一定时期内，根据宏观调控目标而制定的组织、调节、控制经济活动的行为规范和准则。

一、宏观经济政策的四大目标

宏观经济政策的基本目标包含四个方面，即充分就业、物价稳定、经济增长、国际收支平衡。

1. 充分就业

充分就业不是百分之百的就业，而是把失业率控制在社会允许范围之内的状态。一般来说，失业率在5%左右就可以认为实现了充分就业。

就业是民生之本。当前我国经济发展进入新常态，随着产业结构及技术结构调整、消化长期积累的过剩产能进入加速期，就业问题更加凸显。因此，在当前及今后一个时期，把增加就业作为宏观调控的主要目标，有利于加快转变经济发展方式，实现可持续发展。

2. 物价稳定

物价稳定是指把通货膨胀率维持在低而稳定的水平上。这里的物价是指总物价。物价稳定并不是指通货膨胀率为零的状态，而是维持在一种低而稳定的状态，这种通货膨胀率能为社会所接受，对经济不会产生不利影响。一般认为，当经济中存在温和的通货膨胀时，也就实现了物价稳定。

3. 经济增长

经济持续稳定增长是宏观经济政策的基本目标。经济增长是指一国（地区）在一定时期内生产的产品（包括劳务）总量的增加。由于各国的国情和经济发展所处的阶段不同，因此各国对经济增长速度的期望值也不同。一般而言，发展中国家经济增长率可能高一些，发达国家的经济增长率普遍较低。

宏观经济政策目标就是要使经济增长速度保持在一个合理的水平上，既要努力提高经济增长速度，又要防止增长过快，更要避免大幅度波动。

4. 国际收支平衡

国际收支是指一国（地区）与其他国家（地区）之间由于贸易、非贸易和资本往来而引起的一种国际的资金收支行为。如果收入大于支出，国际收支就是顺差，反之则是逆差。国际收支的过度顺差和过度逆差对国内经济发展都不利。因此，如何保持国际收支基本平衡、避免国际收支长期失衡是各国（地区）都面临的重要挑战。

 课堂讨论

我国目前的宏观经济政策目标是什么？

 笔记：

二、宏观经济政策四大目标之间的矛盾及协调

宏观经济政策的上述四个目标的理想状态是：较低的失业率、较低的通货膨胀率、较高的经济增长率和国际收支平衡。

然而，这些目标之间既存在相容性，也存在着一定的矛盾。例如，充分就业和物价稳定之间存在着矛盾，因为要实现充分就业，就必须运用扩张性的经济政策，而这些政策会增加财政赤字和货币供给量，从而引起物价上涨和通货膨胀。

充分就业与经济增长也有矛盾的一面：一方面，经济增长会提供更多的就业机会，有利于充分就业；另一方面，经济增长会导致资本特别是机器对劳动的替代，从而相对减少对劳动力的需求，使部分工人，尤其是技术水平较低的工人失业。

此外，充分就业与国际收支平衡之间、物价稳定与经济增长之间都存在矛盾。

为了解决这四个目标之间的矛盾，政府就要确定重点政策目标，或者在这些目标之间进行协调。从第二次世界大战以后美国的实际情况来看，美国在不同时期也有不

同的政策目标偏重。例如，20 世纪 50 年代美国的政策目标是兼顾充分就业与物价稳定；20 世纪 60 年代美国的政策目标是充分就业与经济增长；20 世纪 70 年代后，美国则强调物价稳定和其他三个目标的兼顾。2013 年以前，我国多次明确提出 GDP 增长率"保8""保7"等经济增长目标。"保8""保7"目标与当时的宏观经济形势和发展阶段是相适应的，但如果继续沿用下去，就会出现过于注重经济增速、忽略其他重要方面的问题。2013 年以来，我国不再偏重于保某一特定目标值，而提出要对经济增长进行区间调控。区间调控将宏观调控的目标界定为一个合理区间：当经济运行接近区间下限时，调控的主要着力点是稳增长；当经济运行接近区间上限时，调控的主要着力点是防通胀；当经济运行处于中间状态时，则专注于深化改革和调整经济结构。

 课堂讨论

你认为当前我国应如何调整各个宏观经济政策目标之间的矛盾？

 笔记: _____

_____

_____

第二节　财政政策与货币政策

一、财政政策

财政政策是指政府为达到既定的经济目标，通过财政收入和财政支出的变动来影响宏观经济运行状况的政策。

1. 财政政策的内容

财政政策包括财政收入政策和财政支出政策。

（1）财政收入政策

财政收入的主要来源是税收，因此，财政收入政策就是税收政策。税收主要包括个人所得税、企业所得税以及其他税收等，其中最重要的就是个人所得税与企业所得税。

在经济萧条时期，由于总需求不足，为了刺激需求，政府往往采取减税的措施，使企业与个人可支配收入增加，这样居民更有能力进行消费，企业更有能力进行投资，社会的消费需求和投资需求增加，总需求也就随之增加。

而在经济繁荣时期，政府往往通过采取增加税收的办法来限制企业的投资和居民的消费，从而减少社会总需求，抑制经济过热，使经济恢复到比较正常的状态。

（2）财政支出政策

财政支出政策是指一个国家（地区）各级政府的支出方面的政策。政府支出主要包括政府公共工程支出、政府购买性支出和政府转移性支出三大类。

① 政府公共工程支出主要包括政府对道路、水利设施、医院、学校等设施的建设支出。

② 政府购买性支出主要包括政府购买商品的支出，如政府购买国防物资、办公用品的支出，雇用各类人员的支出等。

③ 政府转移性支出主要包括失业救济金、养老金等各种社会福利保障支出，以及政府对居民的其他各类补贴。

 课堂讨论

我国目前的财政收入和财政支出是如何构成的？

 笔记：

2. 财政政策运用的一般原则

在经济萧条时，总需求小于总供给，经济中存在失业，政府就要通过扩张性财政政策来刺激总需求。政府既可以增加财政支出，向企业进行大规模采购，以刺激民间投资的增加；也可以兴建更多的公共工程，在创造出更多的就业机会和社会需求的同时为经济发展奠定基础。此外，政府还可以减少税收、增加转移支付、增加对居民的各种补贴，使他们有更大的财力进行消费，从而带动消费需求。这些都有助于经济走出萧条期，向正常水平发展。

当经济过度繁荣时，总需求大于总供给，经济中存在通货膨胀，政府则要通过紧缩的财政政策来压抑总需求。例如，政府可以通过减少财政支出、增加税收来抑制总需求，减少通货膨胀的压力，使经济恢复正常发展。

 思考：

请查找资料了解本年度我国实行的是什么样的财政政策。

 笔记：

二、货币政策

货币政策是指中央银行为实现其特定的经济目标，通过调节货币量和利率来影响整体经济运行的政策。货币政策主要包括公开市场业务、改变贴现率和改变法定准备金率。

1. 公开市场业务

公开市场业务是指中央银行在金融市场上公开买卖政府证券，以控制货币供给和利率的政策行为。

当经济萧条时，政府需采用扩张性措施刺激经济活动。中央银行在金融市场上买入政府债券，个人和团体卖出政府债券而获得货币。若这些货币被存入商业银行，势必会增加商业银行的存款，从而促使商业银行增加放款，最终使得货币供应量增加。货币供应量增加，迫使利率水平下降，从而减轻投资者借款的利息负担，促进企业增加投资，进而促进生产和收入增长。

当经济增长过快和通货膨胀时，中央银行在金融市场上卖出政府债券，收回货币，使市场出现与上述情况完全相反的效果——减少货币供应量，从而达到抑制社会总需求的目的。

2. 改变贴现率

中央银行给商业银行的贷款称为贴现，中央银行对商业银行的贷款利率称为贴现率。中央银行认为需要减少货币供给量时，可提高贴现率，从而商业银行向中央银行的贷款就会减少。商业银行准备金的减少，会导致货币供给量减少。反之，中央银行若想增加货币供给量，则可降低贴现率。

3. 改变法定准备金率

商业银行资金的主要来源是存款。为了应对储户随时取款的需要，确保银行的信誉与整个银行体系的稳定，银行不能把全部存款放出，必须保留一部分准备金。法定准备金率是中央银行以法律形式规定的商业银行在所吸收存款中必须保持的准备金的比例。商业银行在吸收存款后，必须按照法定准备金率保留准备金，其余部分才能作为贷款放出。例如，如果法定准备金率为20%，则商业银行在吸收100万元存款后，就要留出20万元准备金，其余80万元可作为贷款放出。

当中央银行提高法定准备金率时，商业银行可动用的资金减少，贷款能力下降，市场货币量便会相应减少，所以，在通货膨胀时，中央银行可提高法定准备金率；反之，则可降低法定准备金率。

扩展阅读 10-1

央行降低法定准备金率的作用

降低法定准备金率，即降低商业银行存款中不能用于放贷部分的比例。假设某商业银行有10000元钱，原来的法定准备金率是10%，现在降低0.5%，那么市场上的货币流通量就从9000元变成9500元，新增的这500元将被释放到市场当中。

例如，为巩固和增强经济回升向好态势，中国人民银行决定自2024年2月5日起，下调金融机构法定准备金率0.5个百分点（不含已执行5%法定准备金率的金融机构）。本次下调后，金融机构加权平均法定准备金率约为7.0%，此举将向市场提供长期流动性资金1万亿元。

 思考：

请查找资料了解我国目前采用了哪些货币政策来调控经济。

笔记:

三、财政政策与货币政策的协调

财政政策和货币政策是国家实行宏观经济调控的主要手段。然而，无论是财政政策还是货币政策，都具有一定的局限性，如果单纯运用其中某一项政策，很难全面实现宏观经济政策的目标。这就从客观上要求两者应互相协调、密切配合，以充分发挥它们的综合调控能力。财政政策和货币政策有以下四种搭配方式。

1. "双松"搭配，即宽松的财政政策和宽松的货币政策相搭配

在经济萧条时期，一般可采用"双松"搭配的政策。宽松的财政政策一般通过减税和扩大政府支出等手段来增加总需求；宽松的货币政策则往往通过降低法定准备金率、贴现率和扩大再贷款（中央银行贷款的简称）等松动银根的措施，促使利率下降，进而增加货币供给量，刺激投资和增加总需求。

"双松"搭配的政策对经济增长有较强的刺激效应，但若把握不当，则易引发通货膨胀。

2. "双紧"搭配，即紧缩性财政政策和紧缩性货币政策相搭配

在通货膨胀时期，一般可采用"双紧"搭配的政策。紧缩性财政政策一般通过增税、削减政府支出等手段限制消费和投资，从而抑制总需求；紧缩性货币政策则往往通过提高法定准备金率、贴现率和收回再贷款等措施，使利率上升，从而减少货币供给量，抑制总需求的过速增长。"双紧"政策可以抑制通货膨胀，遏止经济过热。

由于"双紧"政策对社会经济运行的调节是一种"急刹车"式的调节，因此容易带来较大的经济震荡，若把握不当，容易引起较大幅度的经济衰退。

3. 宽松的财政政策与紧缩性货币政策相搭配

宽松的财政政策与紧缩性货币政策相搭配，适用于应对生产停滞突出的经济滞胀，能有效防止经济衰退和萧条，并抑制经济增长，从而防止通货膨胀。这种搭配

的经济效应是：在防止通货膨胀的同时保持适度的经济增长率。但如果长期运用这种搭配，则会使政府财政赤字不断扩大。

4. 紧缩性财政政策与宽松的货币政策相搭配

紧缩性财政政策与宽松的货币政策相搭配，适用于应对通货膨胀突出的经济滞胀。紧缩性财政政策可以在一定程度上防止总需求膨胀和经济过热，宽松的货币政策则可以使经济保持一定的增长率。因此，这种搭配的经济效应是：在保持一定经济增长率的同时尽可能地避免总需求膨胀和通货膨胀。但由于执行的是宽松的货币政策，货币供给量的总闸门处在相对松动的状态，所以这种搭配难以防止通货膨胀。

扩展阅读 10-2

"稳"是主基调，"进"是大方向[①]

近年来，中央经济工作会议均强调经济工作要稳中求进，其中明确要坚持稳中求进的工作总基调。在这个一以贯之的总基调指引下，我国充分发挥中国特色社会主义制度优势、超大规模市场的需求优势、产业体系配套完整的供给优势、持续深化改革开放带来的动力优势、拥有较大的宏观调控政策空间等优势，经济既快又稳地持续健康发展。我国已成为全球经济增长最大的引擎，为世界发展注入稳定性。

2023年12月召开的中央政治局会议提出，2024年要坚持稳中求进、以进促稳、先立后破，也就是以"进"的发展态势稳增长、稳预期，同时促改革、调结构，实现经济持续平稳向好发展。

稳中求进，强调要保持战略定力，在保持大局稳定的前提下谋进。"稳"和"进"相辅相成、辩证统一。不稳无法进，不进难以稳。从宏观经济层面看，核心是稳增长、防风险、守底线，主要通过实施积极的财政政策和稳健的货币政策，持续推动经济实现质的有效提升和量的合理增长。从社会心理层面看，关键是提振信心，主要通过采取更加积极主动、取向一致的宏观政策，用发展的办法解决问题，辅以经济宣传和舆论引导，进一步稳定社会预期。要把"稳"

---

① 吴萨. "稳"是主基调 "进"是大方向[EB/OL]. (2023-12-16)[2024-2-15]. http://www.qstheory.cn/qshyjx/2023-12/16/c_1130030813.htm.

放在更加突出的位置，确保增长、就业、物价不出现大的波动，确保金融不发生系统性风险。

 思考：

请查找资料了解我国目前是如何协调财政政策和货币政策的。

 笔记：

 本章要点回顾

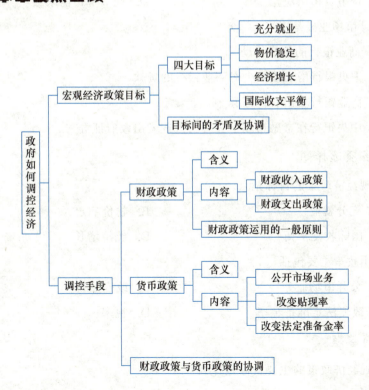

学以致用

一、单项选择题

1. 当经济过热时,政府应该采取( )的财政政策。
   A. 减少财政支出　　　　　　　B. 增加财政支出
   C. 扩大财政赤字　　　　　　　D. 减少税收

2. 经济中存在失业时,应采取的财政政策是( )。
   A. 增加政府支出　　　　　　　B. 提高个人所得税
   C. 提高企业所得税　　　　　　D. 增加货币发行量

3. 紧缩性货币政策的运用会导致( )。
   A. 减少货币供给量,降低利率　　B. 增加货币供给量,提高利率
   C. 增加货币供给量,降低利率　　D. 减少货币供给量,提高利率

4. 中央银行在公开市场上买进和卖出各种有价证券的目的之一是( )。
   A. 调节债券价格　　　　　　　B. 调节利息率
   C. 调节货币供应量　　　　　　D. 调节货币需求量

5. 公开市场业务是指( )。
   A. 商业银行的信贷活动
   B. 中央银行增加或减少对商业银行的贷款
   C. 商业银行卖出有价证券
   D. 中央银行在金融市场上公开买进或卖出政府证券

二、多项选择题

1. 宏观经济政策的目标是( )。
   A. 充分就业　　　　　　　　　B. 物价稳定
   C. 国际收支平衡　　　　　　　D. 经济增长

2. 货币政策主要包括( )。
   A. 公开市场业务　　　　　　　B. 改变贴现率
   C. 改变法定准备金率　　　　　D. 税率

三、简答题

1. 宏观经济政策的主要目标是什么?

2. 常用的宏观经济政策有哪些？

3. 在经济衰退时，政府一般应实行什么样的经济政策？

4. 在通货膨胀时，政府一般应实行什么样的经济政策？

笔记：_____

_____

_____

_____

四、案例分析题

（一）资料

由教师提供有关当前我国宏观经济形势的资料。

（二）要求

1. 把全班分成 4～6 个小组。

2. 学生分组讨论我国应采用什么样的宏观经济政策。

3. 各组派出一名代表汇报小组讨论的结果，最后由教师点评。

笔记：_____

_____

_____

_____

知识链接 10-1

银行创造货币的机制

宏观货币政策是指政府根据宏观经济调控目标，通过中央银行运用政策工具，调节货币供给量和利息率，以影响宏观经济运行状况的经济政策。

货币政策涉及货币、银行、银行创造货币等有关的知识，要真正理解货币政策，需要先了解相关知识。

一、货币供应量

货币是商品交换的媒介物。货币政策的实施是通过货币供应量的变化来实现的。货币供应量是一国（地区）在一定时点上的货币总量。一个国家（地区）货币供应量如何计算，取决于该国（地区）把哪些东西定义为货币。

我国现阶段将货币供应量划分为三个层次，其含义分别如下：

M0——流通中现金，即在银行体系以外流通的现金。

M1——狭义货币供应量，即M0＋企事业单位活期存款。

M2——广义货币供应量，即M1＋企事业单位定期存款＋居民储蓄存款。

在这三个层次中：M0与消费变动密切相关，是最活跃的货币；M1反映居民和企事业单位资金松紧变化，是经济周期波动的先行指标，流动性仅次于M0；M2流动性偏弱，但反映的是社会总需求的变化和未来通货膨胀的压力状况，通常新闻所说的货币供应量主要指M2。

二、中央银行与商业银行

1. 中央银行

中央银行是一国（地区）的最高金融当局，它统筹管理全国（地区）的金融活动，实施货币政策以影响经济。中央银行主要具有三个身份：

（1）发行的银行。中央银行负责发行国家的货币。

（2）银行的银行。中央银行为商业银行提供贷款，集中保管存款准备金，还为各商业银行集中办理全国的结算业务。

（3）国家的银行。作为国家的银行，中央银行的主要业务是：代理国库，提供政府所需资金，代表政府与外国发生金融业务关系，执行货币政策，监督、管理全国金融市场活动。

2. 商业银行

商业银行是以营利为目的的金融企业，主要从事吸收存款、发放贷款与代客结算等业务，并从中获得利润。

三、银行创造货币的机制

在货币政策调节经济的过程中，商业银行体系创造存款货币的机制是十分重要的。这一机制与法定准备金制度、商业银行的活期存款，以及银行的贷款转化为客户的活期存款等制度是紧密相关的。

商业银行资金的主要来源是存款。为了应付存款客户随时取款的需要，确保银行的信誉与整个银行体系的稳定，银行不能把全部存款放出，而必须保留一部分准备金。法定准备金率是指以法律形式规定的商业银行在吸收存款中必须保持的准备金的比例。商业银行在吸收存款后，必须按法定准备金率保留准备金，其余的部分才可以作为贷款放出。

例如，如果法定准备金率为20%，那么，商业银行在吸收100万元存款后，就要留20万元作为准备金，其余80万元方可作为贷款放出。

因为活期存款就是货币，它可以以支票的形式在市场上流通，所以，活期存款的增加，就是货币供给量的增加。因为支票可以作为货币在市场上流通，所以客户在得到商业银行的贷款以后，一般并不会取出现金，而是把所得到的贷款作为活期存款存入同自己有业务来往的商业银行，以便随时开支票使用。所以，银行贷款的增加又意味着活期存款的增加，意味着货币流通量的增加。这样，商业银行的存款与贷款活动就会创造货币，在中央银行货币发行量并未增加的情况下，使流通中的货币量增加，而商业银行所创造货币的多少，取决于法定准备金率。我们可用一个实例来说明这一点：

假定法定准备金率为20%，最初某商业银行A所吸收的存款为100万元，那么，该银行可放款80万元，得到这80万元的客户把这笔钱存入另一家商业银行B，该商业银行又可增加放款64万元，得到这64万元贷款的客户把这笔钱存入另一家商业银行C，该商业银行又可增加放款51.2万元。这样继续下去，整个商业银行体系可以增加500万元存款，即100万元的存款创造出了500万元的货币。可用数学方法计算各银行的存款总和为：

$$100+100\times 0.8+100\times 0.8^2+100\times 0.8^3+\cdots=500（万元）$$

而贷款总和是：

$$100\times 0.8+100\times 0.8^2+100\times 0.8^3+\cdots=400（万元）$$

如果以R代表最初存款，D代表存款总额，即创造出的货币，r代表法定准备金率（$0<r<1$），则商业银行体系所创造出的货币量的公式是：

$$D=\frac{R}{r}$$

由以上公式可以看出：银行体系所创造出的货币与法定准备金率成反比，与最初存款成正比。

上面的例子表明，中央银行新增一笔原始货币供给将使存款总和（货币供给量）

扩大为原始货币量的 $1/r$ 倍。上例中就是 5 倍，$1/r$ 被称为货币扩张乘数或货币乘数。

如果用 K 表示货币乘数，则：

$$K = \frac{1}{r} = \frac{D}{R}$$

据此，我们将货币扩张乘数简单地定义为：商业银行派生存款创造过程中的存款总额与原始存款之比。它反映了商业银行通过贷款或投资业务创造派生存款的扩张或收缩倍数。

参 考 文 献

[1] 格里高利·曼昆.经济学原理:微观经济学分册[M].梁小民,梁砾,译.8版.北京:北京大学出社,2020.

[2] 格里高利·曼昆.经济学原理:宏观经济学分册[M].梁小民,梁砾,译.8版.北京:北京大学出社,2020.

[3] 保罗·萨姆尔森,威廉·诺德豪斯.经济学[M].萧琛,译.19版.北京:商务印书馆,2013.

[4] 高鸿业.西方经济学:微观部分[M].8版.北京:中国人民大学出版社,2021.

[5] 高鸿业.西方经济学:宏观部分[M].8版.北京:中国人民大学出版社,2021.

[6] 缪代文.经济学基础[M].8版.北京:高等教育出版社,2023.

[7] 吴汉洪.经济学基础[M].6版.北京:中国人民大学出版社,2020.

[8] 梁小民.西方经济学基础教程[M].3版.北京:北京大学出版社,2014.

[9] 尹伯成.经济学基础教程[M].3版.上海:复旦大学出版社,2018.

[10] 冯瑞.经济学基础[M].3版.北京:高等教育出版社,2022.

[11] 吴冰,吴雷.经济学基础教程[M].4版.北京:北京大学出版社,2020.

[12] 茅于轼,岑科.大家的经济学[M].北京:中央广播电视大学出版社,2014.

[13] 韩秀云.推开宏观之窗[M].3版.北京:中信出版社,2011.

[14] 王福重.人人都爱经济学[M].北京:人民邮电出版社,2008.